VRENI FROST
Glanz und Gloria

W0072183

VRENI FROST

Glanz und Gloria

Der Universalreiniger für ein besseres Leben

lübbe life

Dieser Titel ist auch als Hörbuch und als E-Book erschienen

Originalausgabe

Copyright © 2020 by Bastei Lübbe AG, Köln
Textredaktion: Katharina Theml
Umschlaggestaltung: ZERO Werbeagentur, München unter
Verwendung einer Illustration von © shutterstock.com: Akura Yochi,
© Jules Villbrandt
Satz: two-up, Düsseldorf
Gesetzt aus der Proforma
Druck und Verarbeitung: GGP Media GmbH, Pößneck
Printed in Germany
ISBN 978-3-431-07004-0

5   4   3   2   1

Sie finden uns im Internet unter www.luebbe-life.de
Bitte beachten Sie auch: www.lesejury.de

Inhaltsverzeichnis

Von einer, die einzog, das Putzen zu lernen ...

Ich habe eine wundervolle Beziehung zu meiner Putzfrau. Patrycja kommt alle zwei Wochen, dann trinken wir Kaffee, und ich räume vor ihr her, damit sie überhaupt ihre Arbeit verrichten kann. Nebenbei schimpft sie mich kurz aus, wie unordentlich ich bin und warum sie eigentlich nie in das ominöse Zimmer hinten links darf, um sauber zu machen. Anschließend lasse ich meinen Charme spielen und mache einen auf superbusy Unternehmerin, um wie alle zwei Wochen zu rechtfertigen, warum es hier eigentlich so aussieht. Ins Zimmer hinten links räume ich übrigens alles hinein, was in der Wohnung im Weg herumsteht. Und mit alles meine ich alles. Einmal alle drei Monate bekomme ich einen Rappel und räume das Zimmer hinten links auf, lasse mir von Patrycja für dieses grandiose Werk auf die Schulter klopfen, anschließend trinken wir noch einen Kaffee, und ich mülle den Raum wieder wochenlang zu.

Nach jahrelangen, intensiven Studien meines eigenen Verhaltens, habe ich mittlerweile herausgefunden, dass das Zimmer hinten links für meinen Seelenzustand steht. Herrscht dort Chaos, so geht es auch in meinem Kopf unordentlich her. Dieses Zimmer ist Alarmsignal und Rettungsanker zugleich. Sobald es dort unordentlich wird, heißt das für mich, dass ich einen Gang runterschalten und zur Ruhe kommen sollte. Sobald ich zum Messi in diesem Zimmer werde, ist da auch ein kleiner Messi in meinem Kopf, der ungefiltert Gedanken ansammelt und nicht verarbeitet, bis der Kopf irgendwann zu platzen droht.

Meine Ausrede, wenn ich mit Freunden über das Thema *Putzen* spreche, heißt grundsätzlich »Keine Zeit!«. Von wegen. Stundenlang sitze ich abends oft sinnlos mit meinem Handy auf der Couch und scrolle mich durch quadratische Bildchen, lade online Warenkörbe voll (um danach nichts zu kaufen), spiele süchtigmachende Handygames, bingewatche Serien oder versende WhatsApp-Nachrichten. Okay, wo wir schon ehrlich sind, dann kommt hier die ganze Wahrheit: Ich mache all das gleichzeitig.

Das ging lange gut. Bis jetzt. Ich bin sowas von angenervt von meiner sinnlosen Rumdaddelei, dass es kracht. Es ist ein Teufelskreis. Kaum will man das Telefon weglegen, poppt irgendwo eine kleine rote Zahl auf und verheißt etwas vermeintlich Spannendes. Aber nicht mehr mit mir, Freunde. Faulenzen finde ich generell großartig, aber tatsächlich ist es auch sehr erfüllend, seine Zeit teilweise aktiv zu gestalten.

Irgendwann kann Patrycja wegen einer Knieoperation für Wochen nicht kommen. Nach Woche drei tanzen mir die Staubmäuse so offensichtlich auf der Nase herum, dass ich etwas unternehmen muss. Ich brauche außerdem Ablenkung vom ständigen Bildschirmkonsum, und da mache ich aus der Not eine Tugend. Ich greife zum Putzeimer und rüste mich mit einem Schwamm aus. Ich starte im Bad und schrubbe die Wanne, ich poliere die Spüle in der Küche blitzeblank, ich flitze mit meinen Katern Willi und Flip und dem Wischmopp durch die Wohnung. Dabei beschleicht mich langsam ein neues, sehr befriedigendes Gefühl, und ich finde etwas Entscheidendes heraus: Ich, die groß tönt von wegen *Ich hasse Putzen*, ich, die mit ihrer großen Klappe etwas von *Meine Zeit ist mir zu schade, um mit dem Staubsauger durch die Wohnung zu eiern* faselt – ich merke plötzlich, dass eine manuelle Reinigung meiner Wohnung viel mehr ist als nur Putzen, viel mehr als sich die Hände schmutzig zu machen. Eine Reinigung meiner vier Wände ist gleichzeitig eine Hygiene für Körper und Geist. Mit jedem Staubkorn, das ich wegwische, verschwindet auch ein Fleckchen in meinem Gedankenchaos. Putzen ist Psychohygiene vom Feinsten.

Ich springe nicht freudestrahlend auf, wenn es um den Wohnungsputz geht, es fällt mir oft immer noch schwer, meinen Allerwertesten von der himmlisch weichen Couch wegzubewegen. Allerdings stelle ich jedes Mal fest, wie mir das Saubermachen guttut, wie sich meine Gedanken mit jedem aufgeräumten Part ebenfalls ordnen, und – ich traue es mich ja gar nicht zu sagen – es macht sogar Spaß. Jetzt ist es raus. Ich werde nie wieder sagen, dass ich Putzen hasse. Never ever again. Das passt übrigens auch gar nicht zu meinem Wortschatz, der negative Begriffe radikal eliminiert – dem widmen wir uns später noch detailliert, wenn es um die persönliche Entfaltung und positive Kommunikation geht.

Hat Putzen also einen Sinn, und kann es sogar mein Leben bereichern?! Jetzt bin ich neugierig! Es wäre doch gelacht, wenn ich aus der Wohnungshygiene keine unterhaltsame Aktivität machen kann! Ich bin Großmeisterin darin, aus alltäglichen Dingen ein Happening zu veranstalten. Mir wird wahnsinnig schnell langweilig, weshalb ich immer unterhaltsame und kreative Wege finde, um neue Routinen zu erlernen oder am Leben zu halten. Also beginne ich damit, jedes Zimmer mit einer Meta-Ebene zu belegen. So wird die Küche zum Sinnbild für Gesundheit und Ernährung, das Bad zur Selbstachtung, das Wohnzimmer repräsentiert die Geselligkeit, das Schlafzimmer wird zu einer Entspannungsoase, und mein Büro steht für persönliche Entfaltung. So weit, so gut.

Wenn meine Wohnung meinen Köper und Geist (die ich

beide jahrelang erfolgreich auf Vorderfrau gebracht habe) widerspiegeln soll, dann muss sich auch in Sachen Reinigung einiges tun: Ich achte zunehmend auf ein umweltfreundliches und nachhaltiges Leben, meinen Körper pflege ich hauptsächlich mit Naturprodukten, ich esse bewusst bio, und meine Mahlzeiten gleichen manchmal einer Achtsamkeitsübung. Wenn ich mich also auf die Reinigungsreise begebe und der Beziehung zwischen mir und dem Putzeimer eine Chance gebe, dann muss ich sichergehen, dass wir auf einer Wellenlänge liegen. Deshalb findet ihr in diesem Buch ausschließlich natürliche Putzmittel, die ihr easy peasy selbst herstellen könnt. Darüber hinaus betreten wir die verschiedenen Zimmer der Wohnung immer zuerst auf der Meta-Ebene. Im ersten Teil des jeweiligen Kapitels zum Raum geht es darum, wie wir unser Leben, unsere Gedanken und Vorstellungen von falschen Annahmen reinigen und dadurch mehr Zufriedenheit erlangen. Ihr findet zahlreiche Anregungen, die euch dazu motivieren sollen, euren eigenen Weg zu gestalten. Im zweiten Teil gibt es dann jeweils die Tipps zur Reinigung des Zimmers mit allem Pipapo. Ich habe für uns alle einen Universalreiniger gebastelt, der uns helfen soll, mit den unterschiedlichsten Lebens- und Schmutzlagen umzugehen. Genießt die Reinigung!

Wenn ich mir genüge, genüge ich

Ich liebe meine Wohnung. Wie sehr, das wurde mir vor einigen Jahren bewusst, als ich einen Workshop zum Thema Achtsamkeit besuchte. Dort wurden wir in einer Meditationsübung dazu aufgerufen, uns gedanklich an unseren *Happy Place* zu begeben. Ich begab mich also mental auf die

Reise, landete aber nicht an einem weißen Sandstrand oder einem kristallklaren Bergsee, nein, ich saß zu Hause auf meiner Couch – im Schlafanzug. Je nach Stimmung liege ich aber auch mal mental im Bett – ebenfalls ein absoluter *Happy Place*. Ich fühle mich zu Hause geborgen und sicher, ich darf dort alles sein, was ich will: Ich darf kreativ rumflippen, ich kann faul herumlümmeln oder auch aktiv sein, und wenn ich schlechte Laune habe oder traurig bin, ist auch das vollkommen okay. Ich darf einfach sein.

Leider gaukelt uns unsere Gesellschaft viel zu oft vor, dass es nicht okay ist, einfach man selbst zu sein. Ständig wird einem die Selbstoptimierung unter die perfekt korrigierte Nase gehalten. Viele Menschen sind permanent verunsichert, wer sie nun eigentlich sein sollen, und finden vor lauter Konsum- und Schönheitswahnsinn nicht mehr zu sich. Da hilft Entschleunigung und Hygiene – auf allen Ebenen: geistig, körperlich und in den eigenen vier Wänden. Mein einziges und erst kürzlich entdecktes Mantra lautet: Wenn ich mir genüge, genüge ich. Das ist leicht gesagt, aber gar nicht so leicht umgesetzt, deshalb arbeite ich kontinuierlich daran, herauszufinden, wer ich wirklich bin und wie ich mir eigentlich genüge. Ich definiere mich nicht über Geld und nicht über Status, nicht über meine Freunde und nicht über meine Kleidung. Ich durfte privilegiert aufwachsen, ein Lebensweg, der weitaus nicht allen Menschen nach der Geburt zu Füßen liegt. Dann habe ich mich verloren und verbrachte mehr als das letzte Jahrzehnt damit, mich wieder und überhaupt erst einmal wirklich zu finden, mich greifen zu können und zu verstehen. Ich schreibe in diesem Buch über Dinge, die ich öffentlich noch nie ausgesprochen habe, die wahrscheinlich aber genau auf diesen Zeitpunkt gewartet haben, um mitgeteilt zu werden.

Ich genüge mir heute in ganz einfachen Situationen, die für mich dennoch oft nur schwer umzusetzen sind. Deshalb kommt hier eine kleine Liste an Dingen und Momenten, in denen ich mir genüge. Schreibt gern auch für euch eine solche Liste und hängt sie euch an den Kühlschrank, wenn ihr wollt, damit sie euch immer daran erinnert. Schreibt alles auf, was euch in den Sinn kommt. Es gibt kein Richtig oder Falsch, nur ehrlich sollt ihr sein.

Ich genüge mir ...
... wenn ich achtsam mit mir umgehe.
... wenn ich gesund esse.
... wenn ich es mir erlaube, schwach zu sein.
... wenn ich anderen zugestehe, mir nicht zu entsprechen.
... wenn ich Pausen mache.
... wenn ich Nein zu Dingen sage, die mich belasten.
... wenn ich schlafen gehe, sobald ich müde bin.
... wenn ich den Abend mit einer Tasse heißem Tee verbringe.
... wenn ich mit Willi und Flip spiele, statt mich zu verabreden.
... wenn ich heute nicht arbeite.
... wenn ich realisiere, dass Panik nicht lebensbedrohlich ist.
... wenn ich heute Lust auf einen Burger habe.
... wenn ich die Dinge annehme, wie sie sind, und nicht, wie sie sein könnten.
... wenn ich vor meiner eigenen Türe kehre und nicht andere belehre.
... wenn ich mich selbst beeindrucke.
... wenn ich um Hilfe bitte.
... wenn ich ehrlich liebe, ohne Bedingungen.
... wenn ich tief atme.
... wenn ich einfach nur dasitze.

... wenn ich akzeptiere, dass man einen gemeinsamen Weg auf verschiedene Weisen gehen kann.

Willkommen!

Wer mein Zuhause betritt, der erkennt ziemlich gut meinen Charakter. Ich brauche viel Abwechslung und Inspiration, deshalb gibt es in jeder Ecke der Wohnung etwas zu entdecken. Alles, was hier liegt, hängt, steht oder fällt, das mache ich für mich. Nicht für Instagram und auch nicht für Menschen, die mich besuchen. Trends kommen und gehen, beeindrucken muss ich niemanden. Mein Zuhause muss nicht aussehen wie ein Interior-Showroom, obwohl ich gutes Design liebe. Mein Heim ist einzig und allein dazu da, für mich und all die wunderbaren Wesen, die hier ein und aus gehen (ja, da gibt's noch weitere Bewohner ...), eine kleine Oase zu sein. Mal eine Ruhe-Oase, aber auch mal eine Party-Oase – unsere Oase ist durchaus sehr flexibel.

Wichtig ist, dass mir die Oase gefällt. Wenn ich bei Freunden und Bekannten zu Besuch bin, liebe ich es, mich von ihrem Einrichtungsstil inspirieren zu lassen. Mir gefällt bei Weitem nicht alles, und das ist vollkommen in Ordnung. Jeder Mensch ist anders, und ein Zuhause spiegelt den Charakter der Person wider, das macht es spannend. Ich habe damit aufgehört, unrealistischen Wohnungsvorstellungen hinterherzugeiern oder neidisch auf die Wohnungen anderer zu schielen. Das hat einen ganz einfachen Grund. Das andere Heim mag noch so fancy, luxuriös oder stilvoll sein, da wohne aber eben nicht ich mit all meinen Lieblingswesen. Und die sind wichtiger als jede Luxusbude. Mit den richtigen Hilfsmitteln kann man sowieso aus jeder Kaschemme ein Schmuckstück machen.

Ich habe bereits vor einigen Jahren aufgehört, neidisch zu sein. Weder auf die Wohnung noch auf die neueste Designertasche, und nicht auf den Job. Ich wage es sogar zu behaupten, dass ich komplett neidfrei bin. Das war kein Beschluss à la *Ab sofort bin ich super Zen*, sondern ein jahrelanger Prozess, der plötzlich ein Gefühl mit sich brachte, das ich bis zu meinem 30. Geburtstag nicht kannte: Zufriedenheit. Erst war ich skeptisch, aber der Zustand hielt sich und hält bis heute. Natürlich habe ich auch Phasen, in denen ich mein Leben hinterfrage – zuhauf! Der Grundtenor der Zufriedenheit bleibt jedoch. Aber wie habe ich das geschafft?

Jahrelang habe ich mehr für andere gelebt als für mich, habe versucht, zu gefallen, habe mich angepasst wie ein Chamäleon und dabei komplett den Bezug zu mir selbst verloren. Das geht irgendwann bei jedem Menschen schief. So auch bei mir. Mit 26 Jahren krempelte ich zum ersten Mal mein Leben von heute auf morgen um, zog von Süddeutschland nach Berlin und fing neu an. Und ich begann, mich mit mir selbst auseinanderzusetzen. Eine ätzende und oft ermüdende Arbeit. Aber ich habe Monat für Monat, Jahr für Jahr meinen Geist aufgeräumt, schlechte Gedanken bereinigt und entdeckt, was hinter der Fassade steckt.

Ich habe mich getraut, mutig zu sein, und mittels Fleiß und Ehrgeiz meine Träume verwirklicht – mögen diese noch so absurd sein. Mein Traum, meine Entscheidung, mein Mut, mein Leben – niemand darf mir hier reinreden. Heute bin ich glücklicher denn je. Ich erfinde mich gern alle paar Jahre neu. Das brauche ich, vor allem in meinem Berufsleben. Andere finden das vielleicht verrückt oder befremdlich, weil es ihnen unstet vorkommt und nicht in das Bild des geregelten

Lebens passt. Aber genau das ist der Punkt: Wer bestimmt denn, wie ein Leben geregelt wird? Das bin ja wohl ich für mein Leben und du für deines. Würde ich mich anpassen, nur weil Menschen der Ansicht sind, dass ich mich ja auch mal entscheiden könnte, dann wäre ich nicht da, wo ich bin. Ich wäre nicht so glücklich, wie ich es bin, und ich würde auch nicht mein Leben leben, sondern in einem konformen Dasein dahindümpeln, das mich todunglücklich macht.

Kommen wir also schnell zurück zum Glück. Gefunden habe ich es bereits, allerdings gibt es immer Luft nach oben, und wer sehr glücklich ist, kennt oftmals auch die tiefen Täler. Noch glücklicher werde ich, wenn ich die geistige und körperliche Hygiene auch auf meine Wohnung ausweite. Wie anfangs schon erwähnt, ist Putzen nämlich ein großartiges Mittel, um Gedanken aufzuräumen, neue Ideen zu entwickeln oder aber Ruhe zu finden. Dieses Buch ist also nicht nur ein Ratgeber für euch, sondern auch einer für mich. Also, lasst uns loslegen!

Energetisches Heilputzen

Vor einiger Zeit war ich in Tirol unterwegs. Dort wurde mir eine Energiewanderung ans Herz gelegt. Beschrieben als Arbeit auf der *Feinstofflichen Ebene* tue ich das Ganze als Eso-Kram ab, lasse mich dann aber doch darauf ein. Was dann kommt, überrascht mich komplett. Wanderführer Helmut ist ein dynamischer, älterer Herr mit offenen Augen und einer herzlichen Aura, der so gar nicht esoterisch über den Dingen schwebend, sondern erfrischend geerdet ist.

Wir wandern zwei Stunden um einen tiefblauen See,

durch den Wald mit seinen raschelnden Baumkronen und plätschernden Bächen und über sattgrüne Wiesen. Immer wieder bleiben wir stehen und praktizieren verschiedene Übungen sowie Meditationen. Wir lauschen dem Plätschern des Baches, riechen den Duft der Blätter und Tannennadeln, und wir atmen. Wir atmen sehr viel und sehr bewusst. Wir schütteln mit jedem Atemzug eine kleine Last ab. Innerhalb kürzester Zeit schafft es Helmut, dass ich entspannt bin – und das schafft keiner so schnell bei mir. Was hat er getan? Er half mir dabei, achtsam zu sein und mich nur mit mir selbst auseinanderzusetzen.

Warum also nicht energetisches Heilputzen? Lacht nicht, kein Witz! Wenn ich nur halb so viel Zeit für die Reinigung meiner Wohnung aufwenden würde, wie ich sie zur inneren und äußeren Reinigung meiner selbst investiere, dann wäre hier alles blitzeblank. Kombination ist das Zauberwort. Ich mache aus der Wohnungsreinigung eine Achtsamkeitsübung. Durch die verschiedenen Meta-Ebenen, die ich den Räumen in meiner Wohnung verliehen habe, kann ich mich dabei immer auf etwas anderes fokussieren.

Da wird nicht nur die Wohnung sauber, sondern die Reinigung lässt auch mich selbst erstrahlen. Eine Wohnung braucht nur wenige Stunden, um sauber zu werden. Dinge, die sich in meinem Körper und Geist festgesetzt haben, benötigen da schon länger, um wieder ins Lot zu kommen. Als Faustregel gilt: Was Jahre dauert, braucht Monate, um zu heilen oder rein zu werden. Was Monate dauert, braucht Wochen. Was Wochen dauert, braucht Tage und so weiter. Unser Körper hat enorme Selbstheilungskräfte, die vor allem durch die Psyche in Kombination mit einer gesunden Lebensweise freigesetzt werden.

Wer die Welt in Ordnung bringen will, gehe zuerst

durchs eigene Haus, so lautet ein chinesisches Sprichwort. Und es stimmt. In unserer Wohnung finden wir an jeder Ecke kleine Sinnbilder unseres momentanen Status quo, und auch unsere Charakterzüge sind überall erkennbar. All das ist Material, mit dem wir an uns arbeiten können – wir müssen es nur erkennen und schlussendlich auch wollen. Es ist oft leichter, seine Wohnung zu reinigen, als an sich selbst zu arbeiten.

Oftmals sperren wir uns jahrelang gegen die Dinge, die uns wieder ins Gleichgewicht bringen, weil es mühsam ist; es ist eine Heidenarbeit, und es macht Angst, weil wir aus vermeintlich sicheren Mustern ausbrechen müssten, die wir lange verfolgt haben. Weil uns diese harte Arbeit an uns selbst widerstrebt, hängen wir lieber in einem Leben fest, das okay ist und uns im Großen und Ganzen befriedigt, unten drunter schlummert aber stets der Wille nach mehr.

Ich sage euch, die Arbeit lohnt sich! Wer mit sich im Einklang und zufrieden ist, der hat die nötige Energie, um den Kosmos um sich herum, egal wie groß oder klein dieser sein mag, positiv zu beeinflussen. Ein ausgeglichenes Wesen ist eine lebenslange Aufgabe. Ständig legt uns das Leben neue Steine in den Weg. Manchmal können wir diese alleine beiseiteräumen, manchmal benötigen wir Hilfe. Wir müssen auch lernen, dass es okay ist, um Hilfe zu bitten, dass es kein Zeichen von Schwäche ist, sondern im Gegenteil für unsere Stärke spricht. Wer um Hilfe bittet, weiß um die eigene Situation und kümmert sich um eine Lösung. Aus Faulheit um Hilfe zu bitten zählt übrigens nicht – nur, falls der ein oder andere von euch sich jetzt schon ums Putzen drücken wollte ...

Ziele und Gedanken

Starten wir mit ein paar Zielen, die ihr vielleicht erreichen wollt, und mit einigen Gedanken zu eurer jetzigen Situation, aber auch zu euren Zukunftsvisionen. Diese Art Fragen werden euch durch das ganze Buch begleiten und vielleicht auch in das ein oder andere Ritual in eurem Alltag einfließen.

- Welches ist dein *Happy Place* in deiner Wohnung?
- Was würdest du gern an deinem Zuhause verändern?
- Welche Eigenschaft an dir magst du?
- Welche negative Eigenschaft möchtest du gern loswerden?
- Was würdest du tun, wenn du keine Angst hättest?
- Du darfst nur drei Dinge aus deiner Wohnung mitnehmen. Welche sind es?
- Wem vertraust du?
- Was ist deine schönste Erinnerung in Zusammenhang mit deinem Zuhause?
- Welches Zimmer machst du am liebsten sauber?
- Was magst du gar nicht beim Putzen?
- Was magst du gern daran?

Schluss mit Chemiekeulen

Hygiene ist wichtig. Genauso wie ich meinem Körper keine Giftstoffe zusetzen will, so möchte ich auch nicht, dass bei der Reinigung meiner Wohnung die Chemiekeule ausgegraben wird. Hautirritationen, Luftnot und allergische Reaktionen sind Begleiterscheinungen so mancher Putzmittel. In einer Studie der Universität Bergen in Norwegen wurden in einem Zeitraum von 20 Jahren über 6230 Personen, die regelmäßig oder hauptberuflich putzen, untersucht. Das Ergebnis: Die aggressiven Reinigungsmittel gelangen durch das Einatmen in die Lunge und schädigen dort das Gewebe. Vor allem bei den professionellen Reinigungskräften ist die Lunge nachhaltig geschädigt. Der kontinuierliche Umgang mit toxischen Reinigungsmitteln bei Putzkräften war so ausgeprägt wie bei einem Raucher, der über 20 Jahre eine Schachtel Zigaretten pro Tag konsumiert. Das kontinuierliche Einatmen giftiger Substanzen führt zu Ablagerungen auf unseren Schleimhäuten. Besonders gefährlich sind laut der Wissenschaftler Putzmittel mit Sprühfunktion, da die darin enthaltenen Tenside und Säuren leicht und unmittelbar in unsere Atemwege gelangen können.

Von den körperlichen Reaktionen einmal abgesehen, freut sich unsere Umwelt auch so gar nicht über den Einsatz aggressiver Reiniger. Laut EU-Kommission sind über 60000 verschiedene Reinigungsmittel in Europa auf dem Markt. In einem durchschnittlichen Zuhause befinden sich etwa 15 Putzmittel, ständig will uns der Markt also weismachen, dass wir für jeden Schmutz ein anderes Mittelchen brauchen, um ein noch glänzenderes Resultat zu erhalten. Die Toilette duftet nur mit diesem, Kalk löst sich nur mit jenem, die Spüle glänzt nur damit, und für den Boden brauchst du auf jeden Fall das da. Ganz schön schmutzige Vermarktungsmethoden, denn es geht auch viel einfacher, wie ich euch in diesem Buch zeigen werde.

Das Umweltbundesamt bietet eine Auflistung aller Inhaltsstoffe von Putzmitteln, die wir unter www.umweltbundesamt.de/themen/chemikalien/wasch-reinigungsmittel online einsehen können. Darüber hinaus klärt es auf, welche Auswirkungen diese Inhaltsstoffe auf unsere Umwelt und Gesundheit haben. Vor allem Biozid-Wirkstoffe sind mit Vorsicht zu genießen. Diese töten zwar Schimmel, Bakterien, Pilze und mehr ab, beeinträchtigen aber gleichzeitig die Funktion biologischer Kläranlagen und erschweren so die Aufbereitung unseres Trinkwassers. Biozid-Produkte fördern eine Resistenzentwicklung von Krankheitserregern, indem sie alle Bakterien abtöten. Bakterien sind jedoch nicht immer schlecht. Wir brauchen sogar eine Bakterienflora für unsere Gesundheit, sonst können beispielsweise Antibiotika nicht mehr optimal wirken.

Höchste Zeit für nachhaltige Putzmittel! Diese beinhalten im Gegensatz zu konventionellen Reinigern keine synthetischen Farb-, Duft- und Konservierungsmittel. Es wird auf Chlor und anorganische Säuren wie Phosphonat, Aufheller und Paraffin verzichtet. Für Wasch- und Reinigungsmittel gibt es leider keine Gesetzgebung, die Begriffe wie *öko* oder *natürlich* schützt. Allerdings gibt es, ähnlich wie in der Naturkosmetik, einige Siegel, welche Kriterien für ökologische Wasch- und Reinigungsmittel festlegen.

Die folgenden drei Grundprinzipien sind ausschlaggebend:
1. Schutz des Planeten und seiner Ressourcen
2. Schutz und Information der Verbraucher
3. Reduktion von unnötigen Abfällen und Abwässern

Das kann natürlich weit interpretiert werden, deshalb kommt es immer auf das Siegel im Speziellen an. Mit folgenden Labels auf der Verpackung seid ihr schon mal gut unterwegs: Blauer Engel, ECOCERT, Nature Care Product, Nordic Ecolabel, ECO Garantie und EU-Ecolabel. Nicht immer haben Bio-Waschmittel ein Siegel, was die Auswahl noch erschwert, deshalb lohnt sich immer der Blick auf die Inhaltsstoffe. Die Reiniger sollten beispielsweise kein Palmöl unbekannter Herkunft enthalten und frei von Mikroplastik sein.

Hygiene ist natürlich wichtig zum Schutz vor Infektionskrankheiten. Allerdings müssen wir hier nicht mit den aggressivsten Kloppern ran, um unsere Wohnung optimal zu reinigen. Oft verwenden wir solche Reinigungsmittel nämlich falsch, dann können sich Resistenzen bilden, oder aber wir vergiften uns. Bei vielen der eingesetzten antimikrobiellen Zusätze im Putzmittel ist übrigens die Wirksamkeit gar nicht erwiesen. Die Konzentrationen und auch die Einwirkdauer reichen gar nicht aus, um effektiv zu desinfizieren. Im Zweifel schadet ihr euch mehr, als dass es irgendeinen Nutzen bringt. Antibakterielle Ausrüstung ist also überflüssig. Denkt lieber daran, euch regelmäßig die Hände zu waschen, das ist nämlich weitaus wichtiger. Die meisten Keime werden mit den Händen übertragen. Also schön schrubben für etwa 30 Sekunden. Das macht ihr bitte nach jedem Toilettengang, nachdem ihr eure kranke Freundin geknuddelt habt und bitte auch nach dem absoluten Anti-Christ in Sachen Keimschleuder: Türklinken in öffentlichen Gebäuden und Haltegriffen in S-Bahn, U-Bahn und Co.

Zurück zum Putzen. Wenn euch eure putzwütigen Freunde in Zukunft den neuesten Shit in Sachen Kalk-, Fett- oder Sonstwas-Löser empfehlen, dann könnt ihr schön Erklärbär spielen. Ein milder Allzweckreiniger, ein saurer Reiniger gegen Kalk, Scheuermilch gegen stärkere Verschmutzung sowie ein hautfreundliches Spülmittel reichen vollkommen aus. Rezepte dafür findet ihr am Ende dieses Buchs. Diese Mittel enthalten Tenside, die Bakterien schonender beseitigen. Tenside sind Stoffe, welche die Oberflächenspannung einer Flüssigkeit herabsetzen. Sie bewirken, dass zwei eigentlich nicht miteinander mischbare Flüssigkeiten, beispielsweise Öl und Wasser, fein vermengt werden können. Durch diese Eigenschaft sind die Tenside in der Lage, festhaftenden Schmutz zu unterwandern und ihn so von der zu reinigenden Oberfläche abzulösen. Und schwups, schon ist alles sauber.

Die Werbung lockt euch mit Begriffen wie »antibakteriell«, »antimikrobiell«, »bakterizid«, »desinfizierend«, »entfernt zu 99,9 % Bakterien, Pilze und Viren« oder Ähnlichem – das braucht ihr alles nicht. Noch einmal: Diese Wirkungen sind wissenschaftlich nicht erwiesen.

Denkt lieber daran, regelmäßig eure Putzlappen bei 60 Grad zu waschen und eure Schwämme zu wechseln. Schwämme sind echte Bakterienherde – ich will mir die Party gar nicht ausmalen, die da in so einem Schwamm abgeht … Nach dem Putzen alles immer gut ausspülen und trocknen.

TEIL 1

Die gepflegte Küche

Die Basis für einen gesunden Körper

»Tu deinem Leib
etwas Gutes, damit
deine Seele Lust hat,
darin zu wohnen.«
TERESA VON ÁVILA

Zeit für Fragen

Nimm dir einige Minuten Zeit und beantworte die folgenden Fragen:

- Was war dein Lieblingsessen als Kind?
- Welchen Geruch liebst du in deiner Küche?
- Welche Nahrung tut deinem Körper so richtig gut?
- Wie läuft bei dir in der Regel das Essen ab?
- Wie alt wärst du, wenn du nicht wüsstest, wie alt du bist?
- Was ist dein liebstes Küchentool?
- Was würdest du gern in deiner Küche verändern?
- Auf welche drei Nahrungsmittel könntest du nie im Leben verzichten?
- Auf was in deinem Leben möchtest du niemals verzichten?
- Was ist in deinem Kühlschrank immer vorhanden?
- Wenn dich dein Körper um etwas bitten könnte, worum würde er bitten?

Iss dich rein!

Ab in die Küche, Freunde! Essen und Sauberkeit gehören zusammen. Genauso wie der Raum selbst sauber sein soll, so funktioniert unser Körper auch um einiges besser, wenn er innerlich rein ist. Für mich war das ein steiniger und lange auch ungesunder Weg. Ich erwähnte bereits, dass ich jahrelang anderen gefallen wollte und mich angepasst habe. Ich hatte immer das Gefühl, nicht genug zu sein.

Meine Noten waren nicht gut genug, mein Kleidungsstil war nicht gut genug, meine Fertigkeiten an der Viola waren nicht gut genug, meine Freunde waren nicht gut genug, meine ganze Person war nicht gut genug. Ich war mit einem Abitur von 1,7 die Schlechteste in unserer Familie, das muss man sich mal vorstellen. Ich habe außer in Mathematik (und nur weil mir das Spaß machte) nicht einmal dafür gelernt. Ich spielte im Jugendsinfonieorchester, sang in der Mädchenkantorei und engagierte mich in der Jugendgruppe der Kirche.

Ich habe meine Talente gern schon immer sehr zielgerichtet eingesetzt, das wurde mir aber in anderen Bereichen als Faulheit ausgelegt. Dabei war ich, rückwirkend betrachtet, ein richtig tolles Mädchen. Menschenskinder, was würde ich mein jüngeres Ich gern in den Arm nehmen und sagen: Du bist der Kracher, Mädel! Leider fehlte der Arm, und so manifestierte sich bei mir in jungen Jahren ein Gefühl des Nicht-Genügens. Mit Anfang 20 ging es auf meine Ernährung über und nahm mehr als ungesunde Züge an. Ich aß oftmals nur einen Apfel und ein trockenes Brötchen oder ein paar Nüsse pro Tag, freute mich, wenn die Rippen und Schulterblätter immer mehr hervorstachen, und wog mich zwanghaft mehrmals pro Tag. Dünn war ich, ja. Glücklich war ich nicht, kein bisschen.

Hinter solch einer radikalen Ernährung steckt immer etwas anderes, womit sich der Mensch aber nicht beschäftigen will und weshalb er das ganze Leben mit einem Extrem, in diesem Falle dem (Nicht-)Essen, belegt. Wer sich jahrelang knechtet, der muss mit Konsequenzen rechnen. Wenn der

Geist Probleme ausschaltet, reicht es dem Körper irgendwann, er wird aufbrausend und schreit laut und deutlich: Schluss jetzt!

Das ist jedoch leider bereits der Punkt, an dem es zum Notfall wird. So auch bei mir. Ich wurde krank. Körperlich und psychisch. So krank, dass ich dem Leben keinen Sinn mehr zusprach, mit Mitte 20 meine Zelte in Süddeutschland abbrach, weil ich nicht mehr konnte, und wieder bei meinen Eltern in Berlin einzog. Eine Entscheidung, die ich nicht wirklich selbst traf, sondern die der letzte Ausweg war – es gab keine Alternative, ich konnte nicht mehr. Es war aber auch eine der besten Entscheidungen meines Lebens. Ich beendete von einem Tag auf den anderen einen Lebensabschnitt, um meinem Körper und meinem Geist erst einmal drei Monate Zeit zu geben, um wieder zur Ruhe zu kommen. Meine Eltern kümmerten sich dermaßen liebevoll um mich, und diese Zeit hat unsere Beziehung sehr zum Positiven verändert. Meine Omi war auch da. Sie war schon immer mein Ein und Alles. Oma und ich haben eine besondere Bindung; sie weiß beim »Hallo« am Telefon, ob alles okay ist, selbst wenn ich versuche, mich zu verstellen und auf fröhlich zu tun. Bei meinen Eltern kam ich als Wrack an, hatte keinen Mut und keine Hoffnung, ging aber gestärkt aus den zwölf Wochen hervor. Ich begann, einen Traum zu verwirklichen und in Berlin in der Modebranche zu arbeiten. Einige Jahre später brach bei mir eine Autoimmunerkrankung aus, die mich noch einmal über Monate lahmlegte. Durch Medikamente und eine wieder normale Ernährung nahm ich in dieser Zeit 20 Kilo zu. In der Modebranche der körperliche Supergau. Es ist ein ungeschriebenes Gesetz, dass Frau in Sample Size, also Größe 34/36, passen muss. Sonst ist sie zu fett und damit auch automatisch weniger wert.

Schwachsinn! Heute setze ich mich dafür ein, dass alle Körper schön sind – früher war es für mich undenkbar, irgendwas jenseits der 38 attraktiv zu finden. Gott sei Dank bin ich von diesem kranken Denken nun etliche Pfunde entfernt.

Ich machte drei unterschiedliche Therapien in acht Jahren, in denen ich mich wahnsinnig gut kennenlernte und die mir halfen, zu dem glücklichen Menschen zu werden, der ich heute bin. Mit das Wichtigste – und oft auch Schmerzhafteste – das ich gelernt habe, ist Folgendes: Ich allein bin für meine Gesundheit, meine Gedanken, meine Zufriedenheit und alles andere verantwortlich. Niemand auf der Welt ist dazu verpflichtet, meine Sorgen tragen zu müssen und sich um mich zu kümmern. Es ist schön, wenn es Menschen gibt, die mich in schweren Zeiten unterstützen, jedoch machen sie das freiwillig, ich darf es nicht erwarten. Im Umkehrschluss muss ich niemandem gefallen, um geliebt zu werden. Denn das eine bewirkt das andere: Sobald ich mich selbst annehme und liebe, kann ich diese Liebe weitertragen und auch geliebt werden. So oft hört man die Floskel »bedingungslose Liebe«, ohne groß darüber nachzudenken. Es bedeutet, dass Liebe an keine Verpflichtungen geknüpft ist. Man liebt freiwillig, keiner zwingt mich dazu, eine Beziehung einzugehen oder krampfhaft daran festzuhalten. Es gibt so viele Paare, die sich gegenseitig Vorschriften machen, die den anderen zwanghaft ändern wollen, damit er in ihren eigenen Lebensentwurf passt. Das geht über kurz oder lang nicht gut, es sei denn, die Person, die sich anpasst, gibt sich in großen Teilen selbst auf. Angepasst zu sein und die eigenen Bedürfnisse hinten anzustellen, macht nicht frei und schon gar nicht dauerhaft glücklich. Liebe ist das i-Tüpfelchen und keine DIN-Norm, die es einzuhalten gilt. Gerade in der Liebe ist es wichtig, dass jeder Partner sich frei entfalten kann und seinen Charakter behält – selbst, wenn mich das manchmal dermaßen auf die Palme bringt! Aber es menschelt eben. Und das ist gut so. Es ist spannend, es ist lebendig, es bringt neue Perspektiven. Einen gemeinsamen Weg kann und soll man auf seine eigene Weise gehen. Dabei wird die Marschrichtung und auch die Gangart sicherlich immer wieder geändert. Während der eine marschiert, läuft der andere vielleicht Schlangenlinien. Die Liebe verbindet trotzdem.

Warum erzähle ich euch das alles? Weil Liebe durch den Magen geht. Auch Selbstliebe. Ein gesunder Magen und ein reiner Darm verdauen nicht nur optimal unser Essen, sondern verarbeiten auch Gedanken und Gefühle.

Es kommt nicht darauf an, was du isst ...

Wenn ich etwas über gesunde Ernährung gelernt habe, dann, dass Diäten Quatsch sind. Wirkliche Veränderung bringt nur eine dauerhafte Ernährungsumstellung. Ich mache seit einiger Zeit jährlich eine sogenannte Mayr-Kur; dabei geht es um eine Entgiftung meines Körpers und um basisches Essen. Die Kur geht auf den österreichischen Arzt Franz Xaver Mayr zurück. Er beschäftigte sich schon sehr früh mit der Heilung durch einen gesunden Darm. Erst in letzter Zeit wird in der Medizin anerkannt, wie recht er damit hatte und welch ein Pionier er für die Darmgesundheit war.

Bei der Mayr-Kur trinkt man nicht nur Wasser oder Tee. Eine Mayr-Kur bedeutet nicht nur Fasten, sondern auch Schonen und Schulen – und zum Schulen gehört das achtsame, basische Essen. Es wird darüber hinaus auch täglich mittels

Bittersalz (schmeckt ekelhaft, ist aber effektiv) schonend abgeführt, weil Nahrung zugeführt wird und Ablagerungen im Darm bestehen. Der Effekt vom Fasten ist übrigens wissenschaftlich nachgewiesen, vor allem der der Autophagie.

Wir bestehen aus rund 100 Billionen Zellen, das ist eine Eins mit 14 Nullen: 100 000 000 000 000 einzelne Zellen. Eine Wahnsinnszahl. Unsere Zellmaschinerie ist ständig in Betrieb, dabei fallen immer auch Abfallprodukte in Form beschädigter Zellbausteine oder wertloser Proteinreste an. Autophagie ist eine Art ständiger Frühjahrsputz in unseren Zellen: Abfall wird beseitigt, selbst größerer Sperrmüll wird ausgeräumt.

Der Begriff »Autophagie« stammt aus dem Griechischen und setzt sich zusammen aus: »auto« = selbst und »phagein« = fressen. Es bedeutet so viel wie »sich selbst fressen«. Das heißt, dass unsere Körperzellen Recycling betreiben und den aussortierten Müll als Brennstoff nutzen. Gleichzeitig verwenden sie ihn als Baustein zum Erschaffen neuer Zellkomponenten. Dieser Prozess nennt sich Phagozytose: Hier werden Stoffe von außerhalb der Zelle aufgenommen und zum Aufbau neuer Zellbestandteile genutzt. Für diese Entdeckung erhielt der Japaner Yoshinori Osumi 2016 übrigens den Nobelpreis für Medizin.

Wie eine Wohnung, so muss auch mein Körper ab und an saniert werden. Für meine Mayr-Kur fahre ich also zehn Tage nach Österreich und nehme mir Zeit für mich, mich allein. Grundsätzlich komme ich jedes Jahr als neuer Mensch zurück, und meine Batterien sind mehr als aufgeladen. Und von Jahr zu Jahr werde ich besser darin, die neuen Essgewohnheiten in meinen Alltag zu integrieren. Als ich das erste Mal eine Mayr-Kur machte, war ich noch nicht so weit, den Umfang zu begreifen. Ich wollte schlicht abnehmen und war frustriert, dass es nicht so klappte, wie ich wollte. Gerade einmal zwei Kilo waren runter. In den beiden Folgejahren machte ich einen großen Sprung hin zur Selbstachtung und Zufriedenheit. Als ich dann erneut in Österreich fastete, war mein Ansatz nicht mehr Abnehmen, sondern gesund Ernähren. Die Waage hatte ich längst aus dem Badezimmer verbannt. Ich integrierte die Kur-Ansätze in meinen Alltag. Auf die Waage stelle ich mich grundsätzlich nur beim Frauenarzt, und siehe da, sieben Kilo waren nach meiner Rückkehr von der Kur innerhalb von drei Monaten gepurzelt, ohne dass ich irgendwelche großen Mühen auf mich genommen hätte. Ich aß einfach gesund nach den Mayr-Prinzipien weiter.

Leider brach ich kurz vor Weihnachten wieder ein und lechzte nach Zucker sowie fettigem Essen. Ich bestellte Burger und Pizza, trank Rotwein und futterte becherweise Eiscreme. Das wäre auch gar nicht weiter schlimm, wenn es mir denn guttäte. Allerdings mag mein Körper nicht so viel ungesundes Zeug. Daher höre ich heute mehr und mehr auf die Signale meiner selbst, versinke nicht in Selbstmitleid ob der wieder zugenommenen Kilos und schwinge mich nach einem Sturz sofort wieder rauf aufs Pferd, aka stürze mich zurück in meine eigene, richtige Ernährungsweise. Ich weiß, wie es funktioniert, und ich kann es im Handumdrehen ändern.

Frustriert zu sein über ein paar vermeintliche Kilo zu viel ist Schwachsinn, denn ich habe es ja selbst in der Hand. Fühle ich mich nicht wohl, brauche ich es gar nicht erst auf meinen inneren Schweinehund zu schieben, sondern kann klar ein Ziel formulieren und darauf hinarbeiten. Abnehmen ist schon lange nicht mehr mein Ziel, das kommt von alleine, wenn ich mich gesund ernähre. Was viel mehr wert ist, als in eine Größe 36 zu passen, ist das Gefühl, gesund und beweglich zu sein und seinem Körper durch die eigene Ernährung Gutes zu tun.

Über die Jahre habe ich einige Grundregeln für mich selbst aufgestellt, die mir helfen, fit und vital zu sein. Ich breche sehr gern Regeln, aber diese hier machen wirklich Sinn und führen zu einem gesunden Lifestyle.

Hier teile ich mit euch meine wichtigsten Erkenntnisse zum Thema Ernährung, die ihr easy (na ja, mehr oder weniger – es kommt ganz darauf an, ob euer Mindset schon so weit ist ...) in euren Alltag integrieren könnt:

Achtsam essen

Es kommt nicht darauf an, was du isst, sondern in welcher Verfassung du dich an den Tisch setzt. Oftmals schlingen wir unser Essen herunter und nehmen gar nicht wahr, was wir eigentlich essen. Noch bevor der eine Bissen heruntergeschluckt ist, haben wir uns den nächsten auf die Gabel geschaufelt. Euer Essen soll eine Pause für euch sein. Vor dem Fernseher essen ist tabu, auch lesen, am Handy daddeln oder Radio hören lenkt viel zu sehr ab. Mir fällt es bis heute schwer, mich nur auf eine Sache zu konzentrieren. Deshalb stehe ich ständig unter Strom, mein Gehirn muss permanent Reize verarbeiten. Still sitzen ist für mich schrecklich. Aber nur am Anfang. Wenn die innere Unruhe sich erst mal legt, dann wird das Essen zur gustatorischen Meditation. Zündet euch eine Kerze am Tisch an, und während diese Kerze brennt, gehört die Zeit nur euch.

Kauen!

Gut kauen ist die Devise, am besten 40 bis 60 Mal, sofern es die Konsistenz der Nahrung zulässt. Kauen, bis es flüssig wird! Bei der Mayr-Kur bekommt man zum Essen einen sogenannten Kautrainer, das ist meistens ein sehr trockenes Stückchen Brot, auf dem man ewig herumkauen kann. Ein guter Trainer, das steht fest! Beim Kauen geht es darum, dass ihr eurem Magen Arbeit abnehmt. Je kleiner die Nahrung, desto leichter tut sich euer Magen mit der Zersetzung, und desto besser fühlt ihr euch. Ich schlucke grundsätzlich nichts mehr hinunter, was ich nicht komplett zerkleinern kann. Achtet mal darauf! Ein kleines Stück Forelle könnt ihr übrigens problemlos 103 Mal kauen, ich habe mitgezählt!

Schwierig wird es natürlich, wenn ihr zum Essen eingeladen werdet oder mit der Familie am Tisch sitzt. Da wäre es sehr komisch, sich aufgrund des achtsamen Kauens nicht am Gespräch beteiligen zu können. Aber auch hier gilt es, langsam zu essen und alle Facetten herauszuschmecken.

Sättigung

Wir haben immer das Gefühl, zu wenig zu bekommen, deshalb schaufeln wir achtlos Essen in uns hinein. Das ist natürlich auch so ein Gesellschaftsding – wir haben ja ständig und überall das Gefühl, zu kurz zu kommen.

Hör auf, wenn du satt bist. Wir essen viel zu große Portionen, und da wir, wie bereits oben erwähnt, so unachtsam mampfen, nehmen wir unser Sättigungsgefühl nicht wahr. Wenn wir aber jeden Bissen langsam genießen, dann sagt uns unser Körper, wann Schluss ist – und das ist meist weit vor Portionsende. Übrigens: Jedes Essen, nach dem ihr euch müde fühlt, war entweder zu viel oder die falsche Nahrung.

Don't drink and eat

Beim Essen wird nicht getrunken. Meine Oma hat früher nie zum Essen getrunken. Sie wusste selbst nicht so genau warum, aber sie sagte, das sei besser. Recht hat sie, die Frau Großmama. Wenn wir zum Essen trinken, dann verdünnen wir unsere Magensäfte, und die Nahrung kann nicht optimal zersetzt werden. Also gilt: 30 Minuten vorher und 30 Minuten nachher bitte eine Durststrecke einplanen. Das ist am Anfang etwas seltsam, weil man es gewohnt ist, zum Essen zu trinken, aber schon nach wenigen Tagen stellt es gar kein Problem mehr dar, wenn man generell über den Tag verteilt sonst viel trinkt. Ausnahmen mache ich natürlich auch, denn nach wie vor soll Essen immer ein Genuss sein und dazu gehört für mich ab und an auch ein schönes Gläschen Wein, ein Radler oder eine Limo. Wir wollen hier mal nicht päpstlicher sein als der gute Pope ...

König und Bettelmann

Frühstücke wie ein König, iss mittags wie ein Edelmann und abends wie ein Bettler. In diesem Sprichwort steckt viel Wahres. Unsere Verdauung ist morgens am aktivsten, deshalb sollte unser Körper gleich loslegen dürfen. Ich mag Frühstück ja gar nicht, es ist mir einfach wortwörtlich zu früh. Gegen ein ausgiebiges Mahl am Wochenende habe ich aber nichts, im Gegenteil, da liebe ich es, entspannt zu schlemmen. Aber auch unter der Woche versuche ich, wenigstens einen Happen zu essen und meinem Magen eine Aufgabe zu geben, selbst wenn das für mich morgens alles andere als ein Genuss ist ... Rohkost sollten wir übrigens am besten nur tagsüber und nicht nach 16 Uhr verzehren. Der Gärungsprozess, der beim Verzehr von Rohkost zu späterer Stunde in Gang gesetzt wird, verursacht Verdauungsprobleme und gärt im Darm. Deshalb nach 16 Uhr lieber dünsten. Unser Körper liebt generell warmes Essen, gönn es ihm!

Hydration

Trinken, trinken, trinken. Zwei bis drei Liter stilles Wasser, ungesüßter Kräutertee oder Brühe sorgen für ein besseres Wohlbefinden und helfen dem Körper, Giftstoffe auszuschwemmen. 35 Milliliter pro Kilogramm Körpergewicht sollten wir täglich zu uns nehmen. Bei einer Frau mit 65 Kilo wären das rund 2,3 Liter, abzüglich der Menge an Flüssigkeit, die in unserer Nahrung enthalten ist. Im Schnitt nehmen wir 0,9 Liter über unsere Nahrung auf. Viel hilft übrigens nicht automatisch viel. Wenn wir nämlich zu viel trinken, wird unser Blut verdünnt, und wichtige Mineralien werden herausgeschwemmt – und das ist nicht gesund.

Einkaufen

Gute Ernährung beginnt im Supermarkt. Du glaubst ja wohl selber nicht, dass wir der Tafel Schokolade und der Chipstüte widerstehen können, wenn sie daheim im Vorratsschrank liegen. Ich habe es oft versucht, es klappt nicht. Ende der Geschichte. Und noch etwas: Ihr lest die Inhaltsstoffe auf der Verpackung durch und könnt etwas nicht aussprechen, geschweige denn, verstehen, was sich dahinter verbirgt? Einfach stehen lassen. Euer Körper wird es euch danken.

No stress, please!

Mach dir keinen Stress. Das meine ich in zweierlei Richtungen. Erstens: Halte dich nicht krampfhaft an Regeln, sondern hör darauf, was dein Körper sagt. Du willst keinen gedämpften Brokkoli, sondern heute mal einen Burger mit Pommes? Gönn ihn dir, wenn es dir guttut – auch hier gilt: Gut gekaut ist halb gewonnen. Ein gut gekauter Burger kann besser für dich sein als ein hinuntergeschlungener Brokkoli. Noch einmal: Es kommt nicht darauf an, was du isst, sondern in welcher Verfassung du dich an den Tisch setzt, also wie du isst.

Zweitens: Wenn du Stress hast, lass lieber eine Mahlzeit aus, als gestresst zu essen. Nimm dir Zeit für deine MahlZeit. Das ist eine Pause für dich und ein Upgrade für deinen Körper. Genieße es.

Tipps für eine nachhaltige Küche

Kräutergarten

Was gibt es Schöneres, als beim Kochen frische Kräuter zu verwenden? Mit dem eigenen Kräutergarten legen die Gewächse keinen Transportweg in den Supermarkt zurück, und es fällt kein Verpackungsmüll an. Dazu macht es unglaublich viel Freude, die Kräuter frisch zu ernten und das Essen damit schmackhafter und gesünder zu machen.

Nachhaltige Putzmittel

Der Begriff nachhaltige Putzmittel ist etwas irreführend. Natürlich sind Putzmittel an sich erst einmal nicht der Knaller für unsere Umwelt. Manche sind allerdings umweltfreundlicher als andere. So wird bei nachhaltigen Putzmitteln unter anderem auf synthetische Farb-, Duft- und Konservierungsmittel sowie Chlor verzichtet. Hinten im Buch findet ihr einfache Rezepte, um eure Putzmittel selbst herzustellen.

Bienenwachstücher

Eine super Alternative zur konventionellen Frischhalte- und Aluminiumfolie sind Bienenwachstücher. Sie bestehen aus einem Baumwollstoff und werden mit einer Wachsmischung beschichtet. Die Tücher kannst du entweder selbst herstellen oder inzwischen sogar in Drogeriemärkten kaufen. Sie sind wiederverwendbar und in der Herstellung um Längen umweltfreundlicher als Frischhalte- und Alufolie. Außerdem wirkt das Bienenwachs antibakteriell.

Einkaufstaschen

Es ist so einfach. Ich habe einen großen Beutel, den ich miniklein zusammenknüllen kann, und der passt in wirklich jede Tasche. Mit jede meine ich jede. Gewöhnt euch an, diesen Einkaufsbeutel immer bei euch zu haben. Dann müsst ihr an der Kasse keine Plastik- oder Papiertüte kaufen.

Verpackungsmüll vermeiden

Im Supermarkt sind Unmengen von Lebensmitteln in Plastik verpackt. Lieblingsbeispiel ist die Gurke oder der Sellerie. Das ist doch Irrsinn! Ich nehme weder die kleinen Plastiktüten für Obst und Gemüse, noch greife ich zu dem eingeschweißten Viererpack Äpfeln. Ich werfe alles lose in meinen Einkaufskorb, dann kommt alles in meinen Beutel, und dieser wird zu Hause auf dem Balkon kurz ausgeschüttelt, schon ist er wieder sauber. Es ist so leicht!

Spülmaschine voll machen

Eine halbgefüllte Spülmaschine anzumachen ist nicht nur Energie-, sondern auch Wasserverschwendung. Also immer die Maschine schön vollladen, die Umwelt dankt es euch.

Hochwertige Töpfe und Pfannen benutzen

Investiert in hochwertige Küchenmaterialien. Sie halten um einiges länger, wodurch ihr weniger nachkaufen müsst. Außerdem kocht es sich leckerer, wenn nicht alles am Pfannenboden kleben bleibt.

Saisonal und regional kochen

In einer Küche wird gekocht. Klar, dass die Zutaten entscheidend sind für den Geschmack und die Umweltbilanz. Lebensmittel, die erst aus Brasilien eingeflogen werden müssen, haben eine höhere CO_2-Bilanz als saisonale und regionale Zutaten. Hier ist es wichtig, nicht nur auf regionale Produkte zu achten, sondern wirklich zu wissen, was im Moment geerntet wird. Ich habe einen Kalender, der mir saisonal Obst und Gemüse anzeigt, das ist überaus praktisch!

Mülltrennung

Seit 1991 trennen wir in Deutschland unseren Müll, und das hat seinen Grund. Durch die Trennung von Verpackungen, Papier, Biomüll, Restmüll usw. können Abfälle recycelt und wiederverwendet werden. Zu 100 Prozent klappt das zwar leider nicht, aber dennoch wird einiges weiterverarbeitet. Der Rest wird verbrannt. Daraus kann wiederum Strom für Fernwärme gewonnen werden.

Strom sparen

Energieeffiziente Elektrogeräte sind absolut empfehlenswert. Deshalb achtet unbedingt auf die Kennzeichnung A+++ oder A++. Gerade bei Geräten wie dem Kühlschrank, der 24 Stunden in Betrieb ist, lohnt sich eine stromsparende Variante. Vermeidet grundsätzlich den Standby-Modus, auch der frisst Strom. Überlegt euch gut, welche elektrischen Geräte ihr in der Küche wirklich braucht. Auf die elektrische

Ölpresse oder die Popcornmaschine kann ich verzichten. Meinen Entsafter will ich jedoch nicht missen.

Auf Küchenpapier verzichten

Küchenpapier ist so praktisch, aber definitiv umweltschädlich. Wir verwenden es einmal und werfen es anschließend in den Müll. Ich gehe daher mit Küchenpapier äußerst sparsam um und nutze es beispielsweise nur, wenn die Kater auf der Toilette nicht wirklich zielgerichtet gearbeitet haben ... Für Essensreste auf dem Tisch oder in der Küche nutze ich Baumwolltücher, die leicht in der Waschmaschine zu reinigen und immer wieder verwertbar sind.

So wird deine Küche sauber

Jetzt, da wir unserem Körper die richtigen Tools zur innerlichen Reinigung an die Hand gegeben haben, ist es an der Zeit, uns um den Raum selbst zu kümmern. Eine saubere Küche lädt dazu ein, zu kochen, zu experimentieren und zu genießen. Ich versuche, immer gleich aufzuräumen. Manchmal gelingt das, manchmal muss ich mir selbst in den Allerwertesten treten. Wenn sich in meiner Küche das Geschirr türmt, weil ich zu faul bin, die Spülmaschine einzuräumen, habe ich keinen Platz und auch keine Lust, mir etwas zuzubereiten. Und schwups, ist die Pizza bestellt, und danach fühle ich mich oft nicht gut ernährt. Es ist also prophylaktisch wichtig für meinen persönlichen Schweinehund, aufzuräumen, damit ich Lust habe, mich in diesem Raum auszutoben.

Der Kühlschrank

Beginnen wir mit dem Kühlschrank. Ein Kühlschrank ist auch nur ein Schrank – da wird einfach alles reingestopft. Mitnichten, Freunde, diese Ansicht, die ich zu Studienzeiten noch pflegte, ist schlichtweg falsch, wenn man seinen Kühlschrank optimal nutzen will. Ich habe mich wirklich überhaupt noch nie mit einer Ordnung für diesen Einrichtungsgegenstand beschäftigt, aber seit Kurzem besitze ich eine neue Kühl-Gefrier-Kombination und habe mir fest vorgenommen, diese perfekt zu ordnen. Nachdem ich mein altes Teil abgetaut hatte und dem Eis so einige abenteuerliche Dinge entsprangen, möchte ich nie wieder eine Eiswüste im unteren Teil meines Kühlschranks vorfinden – zumal das auch ganz übel für den Stromverbrauch ist.

Klimazonen

In eurem Kühlschrank gibt es unterschiedliche Klimazonen. Unten ist es am kältesten, nach oben hin wird es wärmer. Wir klären jetzt, welche Lebensmittel in welches Fach gehören, und arbeiten uns von unten nach oben durch.

Ganz unten findet ihr das Gemüsefach (ca. 8 Grad). Da hier die Luftfeuchtigkeit höher ist als im übrigen Schrank, trocknen Obst und Gemüse nicht aus, und viele Vitamine bleiben erhalten. Was ihr allerdings nicht im Kühlschrank lagern solltet, sind Tomaten, Kartoffeln, Äpfel, Birnen und tropische Früchte. Lagert diese lieber an einem kühlen und schattigen Platz in eurer Küche.

Unteres Fach (2 bis 3 Grad): Hier, direkt über dem Gemüsefach, ist es am kältesten. Alles, was leicht verderblich ist, gehört hier rein. Also rohes Fleisch, frischer Fisch und Co.

Mittleres Fach (4 bis 5 Grad): Perfekt für alle Milchprodukte: Käse, Joghurt, Sahne oder Quark bleiben hier am längsten frisch.

Oberes Fach (5 bis 8 Grad): Weil es hier am wärmsten ist, eignet es sich optimal für gegarte Gerichte, außerdem Marmelade, Aufschnitt, geöffnete Konservendosen oder Frischkäse. Bitte oben keine Eier oder rohes Fleisch lagern!

Die Kühlschranktür

Auch hier gelten die Klimazonen. Eier, Butter und Margarine könnt ihr oben lagern. In der Mitte ist die Temperatur perfekt für angebrochene Glaskonserven, Senf oder Soßen aller Art (Ketchup, Mayo und Co.). Das unterste Fach ist am kältesten und auch am größten – somit perfekt für Getränkeflaschen.

Das Tiefkühlfach

Wie es der Name schon sagt, lagert hier TK-Ware. Aber auch Brot und Kuchen können hier länger haltbar gemacht werden, genauso wie erntefrisches Obst und Gemüse oder frisches Fleisch.

Keine Chance für Bakterien

Ich denke, wir alle kennen sie, die blaugrünen Schimmelkulturen, die sich ab und an finden – gern in Joghurtbechern oder an dem Käse, den man ganz hinten vergessen hat. Es gilt generell: Angebrochene Lebensmittel oder Essensreste gut verschlossen aufbewahren, damit sich keine Bakterien verbreiten können. Abgelaufene Lebensmittel entsorgen! So wie ich heute Morgen die Butter weggeworfen habe, die sich ganz hinten versteckte und seit drei Monaten abgelaufen war ... Na lecker!

Stromverbrauch

Um erhöhten Stromverbrauch zu vermeiden, dürft ihr den Kühlschrank nicht überladen. Außerdem sollte das Eisfach immer frei von Eisflächen sein. Zu guter Letzt solltet ihr keine warmen Speisen in den Kühlschrank stellen, da hier zur Kühlung logischerweise mehr Energie verbraucht wird.

Reinigung

Den Kühlschrank solltet ihr regelmäßig auswischen, ich versuche es einmal im Monat. Ab und an gibt's auch ein Rundum-Wellnessprogramm für den Kühlschrank. Für eine komplette Reinigung räumt ihr alles aus – dabei könnt ihr abgelaufene Lebensmittel schon einmal eliminieren. Die Regale lassen sich leicht ausbauen, und ihr könnt sie mit Essig sauber machen. Die Schubladen für Gemüse und Co. einfach mit warmem Wasser und Spüli füllen, kurz einwirken lassen, ausspülen und alles gut trocknen lassen. Zur Reinigung des Innenraums eignet sich ein Mix aus Backpulver, Wasser und Seife, der desinfiziert und desodoriert.

Die Rückwand vom Schrank nicht vergessen, hier sind oftmals Flecken von Lebensmitteln zu finden. Bei hartnäckigen Verschmutzungen einfach etwas Essig auf ein Tuch geben, den Fleck betupfen und 15 Minuten einwirken lassen. Zum Schluss die Dichtungen rund um die Türe nicht vergessen, auch hier setzt sich gern Schmutz oder Schimmel ab.

Wir sind fertig – ich liebe es, den Kühlschrank wieder einzuräumen, weil ich doch meiner eigenen Ordnung oft nicht auf Dauer gerecht werde und so wieder alles auf Anfang setzen kann. Herrlich!

Spülbecken und Spülschrank

Wenn die Keime in eurer Wohnung irgendwo Party feiern, dann im Spülbecken. Hier geht's richtig ab. Die Wasserkeime laden die Schimmelpilze ein, dazu kommen noch die Keim-Kumpels aus Fleisch, rohen Eiern und Co. und natürlich die Lappen- und Schwamm-Buddys. So eine Bazillenparty schafft nicht mal unsere Toilette. Deshalb solltet ihr in der Küche alle paar Tage die Schwämme und Lappen austauschen – je nach Benutzung. Die könnt ihr bei 60 Grad easy in der Maschine waschen. Wichtig dabei ist ein Vollwaschmittel, weil nur dieses Bleichmittel auf Sauerstoffbasis enthält, was wiederum Keime abtötet.

Hygienisch sauber wird es außerdem, wenn ihr die Spüle regelmäßig mit Warmwasser und Spülmittel auswascht, das wirkt antibakteriell und löst Fett. Optisch schick wird euer Edelstahlbecken durch Backpulver und Bürste. Obacht bei Keramik und Kunststoff, diese Materialien mögen lieber ein weiches Tuch oder einen Schwamm und etwas Spüli oder Allzweckreiniger. Bei Kalk ist Zitronensäure unser bester Freund. Legt euch ein Mikrofasertuch bereit, damit könnt ihr das Becken täglich nach der Benutzung trockenreiben, das verhindert neue Ablagerungen. Den Abfluss reinigt ihr am besten mit Essig und Zitrone. Macht euch dazu kleine Eiswürfel aus Zitronenstückchen sowie Essig, und gebt einmal pro Woche eine Handvoll in den Abfluss. Ich nutze immer auch gern ein Sieb, um Speisereste aufzufangen und zu entsorgen, damit sich keine unschönen Gerüche bilden.

Unter der Spüle lagern die meisten von uns ihre Putzsachen. Sauber gemacht wird dort selten. Bei mir war das lange ein einziges Chaos, ich habe einfach immer nur alles reingeschmissen und mich im wahrsten Sinne des Wortes einen

Dreck darum geschert, was da unten passiert. Diese Herangehensweise ist aber falsch, wenn ich zum Putzen eine positive Einstellung erlangen will. Es sollte mir Freude bereiten, den Schrank aufzumachen und dort eine erste Ordnung vorzufinden, die mir hilft, die Sauberkeit in meiner Wohnung zu organisieren. Also habe ich den Schrank aufgeräumt. Im Putzeimer befinden sich Dinge, die ich ständig brauche, also die nötigsten Reiniger, frische Lappen und Co. Alles andere habe ich in Boxen verstaut. Die Boxen könnt ihr entweder nach Zimmern organisieren, also beispielsweise eine mit Schwämmen, Lappen und Reinigern fürs Bad, eine Box für die Küche, eine für den Rest der Wohnung. Da ich aber viele Mittel für mehrere Zimmer nutze, separiere ich lieber nur die Schwämme und Lappen je nach Raum. Findet eine Ordnung, die euch Spaß macht. Sorgt einfach dafür, dass ihr nicht schon schlechte Laune bekommt, wenn ihr nach euren Putzmitteln greift.

Herd & Backofen

Wie Mama früher schon immer sagte: »Mach den Herd bitte gleich sauber, wenn du gekocht hast.« Wie furchtbar ätzend ich das immer fand! Erst wollte ich essen, dann chillen – und dann irgendwann (meinetwegen auch in drei Wochen) wollte ich sauber machen. Mama hatte aber wie immer absolut recht. Das war keine Schikane, um mich vom wohlverdienten Essen abzuhalten, sondern es sollte schlicht und einfach eine mühsame Plackerei verhindern. Denn kein Herd, egal ob Gas, Elektro oder Ceran, ist vor Überkochendem geschützt. Wenn das dann eintrocknet, wird's nervig. Am besten lasst ihr den Herd kurz abkühlen – in dieser Zeit kann man auch essen –, und dann putzt ihr ihn, wenn er noch lauwarm ist. Zitronensäure eignet sich hier optimal, um leichte Flecken zu entfernen: betroffene Stellen einweichen, etwa zehn Minuten einwirken lassen und feucht abwischen. Wart ihr doch mal zu faul und die Verschmutzung ist hartnäckig, dann mischt eine Paste aus Natron und Wasser. Diese verteilt ihr mit einem Tuch auf dem Herd und lasst es ein paar Stunden einwirken. Danach mit einem feuchten Tuch sauber wischen und schön trocken polieren.

Kommen wir zum Backofen – dem Dark Room unter den Küchengeräten. Was im Backofen passiert, bleibt im Backofen. Der ist ja so schön dunkel, dass man Flecken und Krümel gar nicht bemerkt. Ich für meinen Teil kann wunderbar ausblenden, dass auch ein Backofen durchaus sehr schmutzig werden kann. Manche Backöfen reinigen sich mit hoher Temperatur selbst, glücklich, wer so ein Modell besitzt ... Ich habe den günstigsten Gasherd der Welt, alt, aber voll funktionsfähig. Hier reinigt sich allerdings nichts wie von selbst. Aggressive Backofenreiniger wollen wir nicht, deshalb mischen wir eine Paste aus Backpulver und Wasser. Dann stopfen wir alle Löcher innerhalb des Backofens mit Küchenpapier zu. Jetzt tragen wir die Paste auf und lassen das Ganze über Nacht einwirken. Am nächsten Tag lässt sich der Schmutz easy mit einem Kunststoffschaber abkratzen und danach auswischen.

Geschirrspüler

Einmal pro Monat solltet ihr euren Geschirrspüler reinigen. Dafür gibt es spezielle Mittel in Form kleiner Fläschchen, die einfach kopfüber in den Besteckkorb gestellt werden. Die

Maschine damit bitte auf 60 Grad leer durchlaufen lassen und kein weiteres Zeug einräumen. Mit dem Mittel könnt ihr dann auch noch die Dichtungen und Türfugen sauber machen und schwups, ist der Geschirrspüler auch schon wieder fertig.

Abspülen

Du besitzt keinen Geschirrspüler? Auch kein Problem. Erstmal kommen grobe Speisereste in den Müll, damit die Rohre nicht verstopfen oder anfangen zu stinken. Bitte spül nicht unter fließendem Wasser, sondern schone die Umwelt und spare Ressourcen, indem du dein Spülbecken halb mit heißem Wasser füllst. Lass erst das Wasser einlaufen und gib dann das Spülmittel hinzu, beachte die Dosieranleitung. Uns wurde ja, warum auch immer, von klein auf eingeimpft, dass viel Schaum gut ist und bedeutet, dass alles blitzeblank wird. Stimmt nicht. Zu viel Schaum kann in diesem Fall sogar Schmutz übertragen und beim Trocknen Flecken hinterlassen. Vergiss also die Schaumparty und wechsle das Wasser, wenn es zu schmutzig wird.

Starte mit den Sachen, die am wenigsten verschmutzt sind – meist sind das die Gläser und Tassen. Danach kommt das Besteck. Pfannen und Töpfe reinigst du am besten zum Schluss, das sind meist die schmutzigsten Sachen. Wenn sie verkrustet sind, dann weiche sie mit etwas Spüli und warmem Wasser ein, bevor du abspülst. Am besten lässt du dein Geschirr an der Luft trocknen oder zumindest abtropfen. Denk daran, dass Geschirrtücher oftmals auch kleine Schmutzmagneten sind, wechsle sie spätestens nach einer Woche und wasche sie bei 60 Grad mit einem bleichmittel-

haltigen Waschmittel, also einem sogenannten Vollwaschmittel – das tötet Keime ab. Am Schluss noch das Spülbecken kurz sauber machen und mit einem Mikrofasertuch
trocken wischen. Schon blitzt alles wieder.

Bretter und Holzoberflächen

Naturholz ist empfindlich und bedarf einer besonderen Zu-
wendung. Flecken und Gerüche entfernt ihr hier jedoch
ganz schonend und einfach. Presst einfach den Saft einer
halben Zitrone auf das Holz und streut Salz darüber. Mit der
anderen Zitronenhälfte verreibt ihr alles. Dann entfernt ihr
das überschüssige Salz mit einem Geschirrtuch und lasst das
Holz trocknen. Alle paar Wochen freut sich euer Holz über
eine Salbung mit Öl, einfaches Rapsöl tut es hier absolut.

Mikrowelle

Mit der Mikrowelle ist es bei mir ähnlich wie mit dem Herd,
wir neigen kollektiv zu Verkrustungen ... Ich bin auch diejenige, die eine Tomatensauce aufwärmt, ohne einen Teller
als Deckel zu verwenden. Spritzparty ahoi! Sauber bekomme
ich das Ding mit einem Mix aus Wasser und Zitronensaft.
Diesen Mix gebe ich in ein Gefäß (bitte mikrowellengeeig-
net) und erhitze es für fünf Minuten. Danach einfach in der
Mikrowelle stehen lassen. Der Mix löst Spritzer an den In-
nenwänden, und ich kann diese dann ganz einfach mit einem feuchten Schwamm und Spüli beseitigen.

Mülleimer

Ich ekle mich immer davor, den Mülleimer sauber zu machen. Leider reißt aber dann und wann eine Tüte oder man trifft mal nicht richtig, und schon hat man einen unangenehmen Geruch in der Küche. Es ist supereasy, den Mülleimer sauber zu machen. Einfach mit einem desinfizierenden Reiniger einsprühen, mit einem Schwamm sauber rubbeln, dann in der Badewanne oder Dusche abspritzen und kopfüber trocknen lassen. Voilà.

Motten

Für meine zwei Kater Willi und Flip haben Motten einen unglaublich hohen Funfaktor, für mich sind sie die Insektenhölle. Wir haben gerade eine kleine Mottenplage in der Küche. Ich kann die Viecher nicht töten, indem ich draufhaue – das kann ich grundsätzlich nicht –, aber in meiner Küche will ich die Motten nun wirklich nicht. Pfui, weg damit!

Motten in der Küche sind übrigens kein Indiz dafür, dass es hier unhygienisch zugeht. Die Viecher sind schneller eingeschleppt, als man denkt, und es kann auch eine Weile dauern, bis der Befall auffällt. Motten sind kein Drama, aber sie machen Lebensmittel ungenießbar und können auch Allergien auslösen. Motten sind in der Regel jedoch keine Krankheitsüberträger und können auch ohne großes Hexenwerk beseitigt werden. Dazu habe ich folgende Tipps für euch:

Pheromon-Fallen
Sie alleine eignen sich nicht, weil sie nur einen Teil der ausgewachsenen Tiere erreichen können. Bekämpfen müssen

wir jedoch die Larven. Zur Kontrolle und Unterstützung weiterer Maßnahmen sind sie allerdings gut geeignet.

Natron-Falle

Mische vier Teile Natron (oder auch Backpulver) mit einem Teil Mehl, gib den Mix in ein Gefäß und stelle es zu deinen Vorräten. Die Motten legen ihre Eier in der Falle ab, die Larven schlüpfen, können im Natron aber nicht überleben.

Flächen erhitzen und behandeln

Ein Föhn in der Küche? Ja, denn Eier und Larven sind hitzeempfindlich und werden so zerstört. Allen Ritzen, Fugen und Ecken also einmal einen ordentlichen Blow Dry verpassen.

Schlupfwespen

Ist es ganz übel, dann könnt ihr eine kleine Armee an Gegnern heranziehen, sogenannte Schlupfwespen. Das sind keine richtigen Wespen, sondern kleine Fluginsekten, die ihre Eier in die Eier der Motten legen und dadurch die Brut vollständig zerstören. Nach getaner Arbeit verschwinden die Helferlein von ganz alleine wieder. Schlupfwespeneier bekommt ihr problemlos über den Handel.

Motten-Prophylaxe

Um einem Mottenbefall vorzubeugen, solltet ihr generell Mehl, Haferflocken und Co. in gut verschließbaren Behältnissen lagern und nicht in den Papiertüten lassen. Kauft auch immer nur so viel, wie ihr auch zeitnah verbraucht, denn je länger das Zeug lagert, desto anfälliger wird es. In euren Vorratsschränken könnt ihr außerdem mit Duftstoffen wie Sandelholz oder getrocknetem Lavendel vorbeugen. Das führt dazu, dass die Viecher diese Orte generell meiden.

TEIL 2

Das saubere Badezimmer

Für mehr Schönheit in deinem Leben

»Die Gesellschaft hat uns eingeredet, wir sollten unser Leben lang wie ein 18-jähriges Model aussehen. Aber ich denke, ich kann genauso gut auch das sein, was ich bin.«
CLINT EASTWOOD

Zeit für Fragen

Du kennst es bereits. Bevor wir tiefer einsteigen, gibt es für dich erst einmal ein paar Fragen:

- Welchen Duft magst du im Badezimmer?
- Wie würdest du gerade am liebsten entspannen?
- Was magst du an deinem Körper am liebsten?
- Wie würdest du einem Blinden dein Äußeres beschreiben?
- Was tust du deinem Körper regelmäßig Gutes?
- Was hättest du nicht geglaubt, hätte es dir jemand vor zehn Jahren vorausgesagt?
- Bist du dir selbst ein guter Freund?
- Welche Bewegung/welcher Sport tut dir gut?
- Was ist dein liebstes Badezimmer-Wellnessritual?

Von pro Ana zu pro Vreni

Hach, das Badezimmer. Da muss ich erst einmal tief durchatmen. Denn jetzt beschäftigen wir uns mit Selbstakzeptanz, und damit wird dieses Kapitel für mich nicht einfach, denn mit dem Thema Selbstliebe und Selbstachtung setze ich mich noch gar nicht so lange ehrlich auseinander. Ich erzähle euch hier einiges, was ich lieber verschweigen würde, zum vollständigen Verständnis meiner Reinigungs-Reise ist es jedoch wichtig, dass ihr Bescheid wisst.

Ich hatte bereits erwähnt, dass mein früheres Essverhalten alles andere als gesund war. Ich wollte auf Teufel komm raus dünn sein. Ich verschlang keine Nahrung, sondern stapelweise Frauenzeitschriften – die bis heute die falschen Körperideale vorstellen –, schnitt mir Bildchen von Kate Moss und den damals klar magersüchtigen It-Girls Lindsay Lohan und Nicole Richie aus. Die Bildchen klebte ich mir als Inspiration in ein Heft. Ich war süchtig nach Bildern von spindeldürren Models und Schauspielerinnen.

Heimlich war ich Mitglied in einem sogenannten Pro-Ana-Forum im Internet. Pro-Ana bedeutet pro Anorexie, also pro Magersucht. Ausschlaggebend für meine intensive Suche im Netz war eine Dokumentation über Pro-Ana, die ich im TV gesehen hatte. Gemeinsam mit anderen Mädchen tauschte ich mich in einem passwortgeschützten Bereich und nach einem ellenlangen »Aufnahmeverfahren« darüber aus, was wir heute alles nicht gegessen hatten, wir notierten akribisch jegliche Kalorie und klopften einander virtuell auf die Schulter, wenn jemand für den ganzen Tag unter 300 Kalorien blieb. Regelmäßig trainierte ich die gegessenen Kalorien auf dem Stepper oder Fahrrad wieder ab, um tatsächlich an manchen Tagen eine Nullrechnung zu haben. Viele Mädchen luden Bilder von sich hoch, als sogenannte *Thinspo, thin* steht für dünn und *spo* leitet sich von Inspiration ab – Gott sei Dank habe ich das nie getan, sonst würden diese traurigen Erinnerungen heute immer noch im World Wide Web herumschwirren. Jeden Abend löschte ich den Browserverlauf, damit mir ja niemand auf die Schliche kam – ja, so versiert war ich damals schon mit dem Computer. Niemand wusste Bescheid über mein Zweitleben im Internet.

Ich stand in Umkleidekabinen und freute mich diebisch, wenn Größe 34 zu groß war. Genauso freute ich mich, wenn

Freunde mir sagten, ich sei zu dünn. Das war für mich die beste Bestätigung, die ich bekommen konnte. Ich fühlte mich anderen überlegen, einfach nur aufgrund des Fakts, dass ich spindeldürr war. Absurd!

Jahrelang stand ich trotzdem nackt vor dem Spiegel und sagte zu mir selbst: »Ich hasse dich.« Tatsächlich tat ich das auch noch vor gut fünf Jahren, aber damals trug ich keine Größe 34 mehr, sondern eine 42. Mein Essverhalten besserte sich mit Mitte 20, als ich meine erste Therapie machte. Damals wurde ich wegen Angststörungen behandelt, die nach einem Autounfall aufgekommen waren. Das war aber nur der Auslöser, denn dahinter steckte so viel mehr: schlimme Verlustängste, Panikattacken, das Mobbing in der Schule (dazu kommen wir im Kapitel *Wohnzimmer*) und und und. Mit 30 brach bei mir eine Autoimmunerkrankung aus, und ich habe über ein Jahr lang eine relativ hohe Dosis Cortison geschluckt. Wer dieses Dreckszeug schon mal einnehmen musste, der weiß, dass Cortison einen dicken Bauch und ein aufgequollenes Gesicht macht. Ich nahm also mehr als 20 Kilo zu. Mein Glück war, dass ich zu dieser Zeit und auch heute noch Menschen an meiner Seite habe, die mir beibrachten, dass ich nicht aufgrund meines Aussehens geliebt werde, sondern weil ich ein liebenswerter Mensch bin. Heute weiß ich das zum Glück, auch ohne dass es mir jemand sagen muss.

Wenn man allerdings täglich voller Selbsthass vor dem Spiegel steht, könnt ihr euch sicher vorstellen, dass es eine Ewigkeit dauert, bis man lernt, sich doch wieder zu mögen. Es sollte ganze zehn Jahre dauern, bis ich mich nicht mehr über meine psychischen und physischen Einschränkungen definierte, sondern endlich als gesunde Frau betrachtete.

Immer noch arbeite ich an mir, und immer noch finde ich

meinen Bauch an manchen Tagen dick und mag ihn nicht, aber ich mag mich. Zum ersten Mal in meinem Leben mache ich seit einigen Monaten Sport, einfach nur, weil es mir guttut, und nicht, weil ich irgendwelchen Idealen hinterherhechle. Wenn mich etwas zu sehr überfordert oder meinen Körper zu stark belastet, dann gebe ich auf – das weiß ich mittlerweile. Deshalb lasse ich es total easy angehen, mache meditatives Yin Yoga und aktiviere dadurch meine Faszien, ich hopse mit meinen liebenswerten Rentnern bei der Wassergymnastik im Pool herum, und ab und an stemme ich mit meiner Freundin auch Gewichte. Meine Freundin ist Personal Trainer und der Knaller! Sucht euch unbedingt Freunde, die eure Bewegungsvorlieben ernst nehmen und euch nicht ständig bis zum Äußersten pushen, weil sie denken, das müsse so sein. Muss es nicht. Es soll euch guttun.

Meine beste Freundin sagte kürzlich zu mir: »Vreni, es ist so abgefahren. Da hast du heute drei Kleidergrößen mehr und bist so glücklich. Das hättest du vor zehn Jahren niemals, never ever, für möglich gehalten, dass du mit so einem Körper so glücklich sein könntest.«

Ja, vor zehn Jahren war ich allerdings auch mit dem damaligen Körper nicht glücklich, und das ist der entscheidende Punkt. Ich war damals so furchtbar auf die falschen Dinge im Leben fixiert, dass ich überhaupt keine Ahnung hatte, was Glück und Zufriedenheit bedeutet. Heute weiß ich, Schönheit liegt im Auge des Betrachters. Ich bin der Betrachter, und ich habe die Power zu sagen: Ich bin schön. Das ist dann Gesetz. Mein Gesetz.

Vrenis Bikini-Body-Guide

Ich erinnere mich noch gut, wie ich vor etwa fünf Jahren auf einer Veranstaltung eine Bloggerin kennenlernte, die gerade erst begonnen hatte, im Internet zu veröffentlichen. Heute zählt sie mit einem Millionenpublikum zu den bekanntesten deutschen und internationalen Influencerinnen. Ich erinnere mich, wie das wunderschöne, spindeldürre Mädchen mit dem strahlenden Lächeln und den etwas traurigen Augen mit uns beim Abendessen saß und entschuldigend sagte, sie habe schon gegessen, weil sie es nicht bis zum Dinner ausgehalten habe. Ein Satz, der mir mehr als bekannt vorkam ... Ich erinnere mich, wie ein Freund mir erzählte, dass er sie auf einer anderen Pressereise im Frühstücksraum beobachtete, wie sie sich ihren Tisch mit dem leckersten, üppigsten Essen, Säften und Kaffee volllud, zahlreiche Fotos knipste, dann einen kleinen Schluck Kaffee nahm, aufstand und verschwand. Dieses Bild hat sich mir eingeprägt, und es steht für so vieles, wofür ich Instagram verabscheue. Es ist eine Scheinwelt, die jungen Menschen etwas vorgaukelt. Es ist eine Scheinwelt, in der vor der Kamera gestrahlt und dahinter verbittert gelebt wird. Teenager konsumieren diese perfekt inszenierten Bilder und glauben, dass der Lebensinhalt darin besteht, sich mit einer Designerhandtasche an den tollsten Orten der Welt abzulichten. Wäre ich heute Teenager, ich wäre magersüchtig und würde meine Eltern anschreien, warum sie mir keine Prada-Tasche kaufen.

Das Beispiel von meiner Kollegin oben ist kein Einzelfall. Gerade in der Modebranche könnte ich noch zahlreiche weitere nennen, die von traurigen, einsamen Existenzen zeugen, von Neid und fiesem Konkurrenzkampf. Hinter all den Modelfotos verbergen sich oft zahlreiche Selbstzweifel.

Ich vermute, dass viele, die sich so offen im Internet zeigen, ein Päckchen aus früheren Zeiten zu tragen haben – das beweist mir mein eigener Fall und auch die Geschichten von zahlreichen befreundeten Personen in der Blogosphäre. Viele Menschen, die einiges durchgemacht haben oder noch am Kämpfen sind, holen sich Feedback aus einer großen Community oder nutzen ihre Erfahrungen, um andere zu motivieren. Das ist okay, sofern das Internet nicht den Lebensinhalt darstellt und Probleme verdrängt werden. Denn sonst ist das ein sehr trauriger Erfolg. Ich selbst bin fast allen Modebloggerinnen entfolgt, sie triggern bei mir negative Gedanken, liefern für mich persönlich zu oberflächliche, generische Inhalte, und das brauche ich nicht. Deshalb suche ich mir heute Accounts von normalen Menschen mit tollen Bildern und ehrlichen Texten. Accounts, auf denen nicht mit den immer gleichen Filtern und Bildkompositionen posiert wird. Und viele, viele Memes. Memes erheitern meinen Tag, und das kann nie schaden.

Wo wir gerade von Normalos sprechen, kommen wir doch zurück zum Körperkult: Es ist noch gar nicht so lange her, da hatten Normalgewichte oder sogar übergewichtige Menschen keinen Platz in den Medien, wenn es um Lifestylethemen ging – höchstens negativ. Ich wuchs auf in der 90-60-90-Ära, in der Supermodels ihre Hochphase hatten. In der laut Linda Evangelista keine dieser sexy Ladys unter 10 000 Dollar am Tag überhaupt das Bett verließ. In der es normal war, dass in meinem Umfeld ständig irgendjemand eine Woche lang Kohlsuppe aß und jemand anderes sich von irgendwelchen Shakes ernährte. Wie zum Henker soll man da mit einem normalen Körperbewusstsein aufwachsen?! Die Superstars wurden angehimmelt, Germanys Next Topmodel brachte Lena Gercke hervor und Heidi Klum verdient sich bis heute ein goldenes Näschen mit den Träumen junger Mädchen. Und wie ein Biest freut sich Ottonormalfrau zu Hause mit Chips vor dem Fernseher, wenn irgendein vermeintlich perfekter Star in irgendein Fettnäpfchen tritt und sich dieses Fettnäpfchen bestenfalls an den Hüften bemerkbar macht. HA! Haben wir es doch gewusst, das ist auch nur eine normale Frau. Und schon fühlen wir uns besser. Oder nicht?

Die Klatschblätter machen Umsatz, indem sie auf der Titelseite ein unvorteilhaftes Bild eines Weltstars im Bikini abbilden und darüber lästern, wie Frau XY doch zugenommen hätte. Dazu gibt es dann ein Special, in dem Stars und ihre vermeintlichen Probleme genüsslich präsentiert werden: Po-Probleme hier, Orangenhaut-Debakel da, Fettröllchen-Fiasko dort. Bei der einen hängen die Brüste, bei der anderen der Arsch. Es ist zum Kotzen.

Glücklicherweise gibt es heute aber auch Magazine, die normalgewichtige Frauen oder sogenannte Plus-Size-Models abbilden. Viel besser als die ganzen hämischen Berichte finde ich ermutigende Inhalte, die uns zeigen, dass eines ganz sicher okay ist: wir selbst, egal wie wir aussehen.

Selbstliebe ist momentan das Buzzword schlechthin. Die ganze Instagram-Welt schmeißt damit um sich und schüttet tonnenweise *Bodypositivity*-Fotos an weißen Stränden aus. Da räkeln sich nun so viele selbstliebende Menschen in vorteilhaften Posen im Sand, dass für den Rest der unsicheren Menschheit kaum noch Platz für ein kleines Badetuch bleibt. Wo bleibe ich denn nun, die sich zwar von Kopf bis Fuß und innen drin super findet, die aber trotzdem gern einen flachen Bauch hätte?! Das Internet sagt uns, alle Körper sind schön, und auch du hast das verdammt noch mal zu akzeptieren. Akzeptiere es! Sofort!

Ich persönlich bin mittlerweile auch schon den Trend leid, dass dicke Menschen sich auf jedem zweiten Bild in Unterwäsche oder im Bikini zeigen. Ich finde es toll, dass sie andere dazu motivieren, sich anzunehmen, aber ich folge grundsätzlich auch keinen Influencerinnen, egal ob dick oder dürr, die im Bikini rumhopsen. Das gibt mir nix. Mal ist das im entsprechenden Umfeld wunderschön anzusehen und mit einer wichtigen Botschaft verknüpft, wenn jedoch der halbe Feed aus nackter Haut besteht, dann passe ich, das ist mir zu berechnend. Sex sells, egal in welche Richtung. Das Gute daran: Alles kein Problem, jeder kann sich zeigen, wie er will, und mir steht es frei, zu entfolgen – oder eben nicht. Ganz einfach.

Selbst wenn ich meinen Astralkörper nur alle paar Jubeljahre zur Schau stelle (wenn ich einen guten Tag und ein super Foto habe), bin ich heute zum Glück so viel gelassener, was meinen Körper angeht. Size Zero ist für mich eine wortwörtliche Nullnummer, und mein Sixpack trinke ich lieber im Sonnenuntergang auf einer gemütlichen Parkbank.

Mit den ersten Sonnenstrahlen kriechen die Berliner aus ihren Verstecken und aalen sich an den einschlägigen Sonnenanbeter-Spots. Je höher das Thermometer schnellt, desto weniger Kleidungsstücke umhüllen unsere Körper. Und ich stehe dann wie jedes Jahr vor demselben Dilemma: käsige Beine, undefinierte Arme und ein paar Kilo zu viel. Den gewünschten Bikini-Body habe ich seit einem halben Jahrzehnt nicht mehr erreicht. Wie sagt der Volksfitnessmund so schön: Der Sommerbody wird im Winter gemacht. Das habe ich wohl vor lauter Rinderroulade, Rotwein und Keksen verpasst. Ging es mir damit schlecht? Ganz und gar nicht, ich habe jede Kalorie genossen. Aber hier ist das Problem: Obwohl es mir eigentlich bestens geht, wird mir überall suggeriert, dass mein Aussehen nicht perfekt ist. Strong soll man als Frau sein, ein Sixpack unter den cropped Shirts tragen und den Thigh Gap zwischen den Beinen.

Momentan baue ich ja noch optimistisch auf meinen Charakter – den finde ich ganz gut geformt. Aber ob das ausreicht? Das Fitnessstudio an der Ecke sagt ganz klar: Nein. Bist du Fitnessmuffel, bist du weg vom Fenster. Isst du nicht clean, vegan oder paleo, bist du ganz schön grenzwertig.

Wer gern Sport macht, der soll das tun. Ich war noch nie eine Sportskanone, bewundere aber Menschen, die morgens aus dem Bett direkt in die Joggingschuhe springen. Aber das bin nicht ich. Verurteilen lassen will ich mich deswegen nicht. Ich schaue andere Menschen ja auch nicht schräg an, weil sie kein Musikinstrument spielen können, kein Latein sprechen oder keine ordentliche Vinaigrette zaubern können. Wie heißt es so schön: How to get a bikini body? Have a body. Wear a bikini.

Was lernen wir daraus? Konzentriere dich auf deine persönliche Zufriedenheit und adaptiere nicht, was die Gesellschaft dir als glückbringend vorgibt. Was dabei hilft? Die Person, die dich mit den stichelnden Worten »Mensch, du hast ja ganz schön zugelegt« begrüßt, gemeinsam mit den zwickenden Hosen in die Tonne kloppen. Das Resultat? Friede, Freude und Eierkuchen (am besten mit Nutella).

Von Selbstliebe und Selbstakzeptanz

Alle Welt spricht momentan davon, dass wir uns selbst lieben müssen. Täglich lese ich irgendwo, dass Selbstliebe der Schlüssel zu einem glücklichen Leben ist.

Die Beziehung zu mir selbst ist wahnsinnig wichtig, aber ich glaube nicht, dass beispielsweise die Aussagen »Nur wer sich selbst liebt, kann auch andere lieben« oder »Wer sich selbst nicht liebt, kann auch nicht geliebt werden« stimmen. Ich habe erlebt, dass Menschen, die mich ehrlich lieben, mir geholfen haben, alte Wunden zu heilen, und mir Perspektiven aufzeigten, die ich gar nicht für möglich hielt. Wenn wir ständig dazu angehalten werden, uns selbst auf Teufel komm raus zu lieben, dann machen wir uns noch mehr Druck, als wir ihn vielleicht schon haben, und das Thema Selbstliebe überfordert uns.

Wissenschaftliche Studien belegen, dass wir etwa 200 Mal am Tag negativ über uns denken oder uns kritisieren – natürlich hat das Folgen für unser Selbstvertrauen. Viele werden jetzt an Affirmationen denken. Eine Affirmation ist ein selbstbejahender Satz, den wir immer und immer wieder wie ein Mantra sagen, um unsere eigenen Gedanken umzuprogrammieren. So könnte ich mich also vor den Spiegel stellen und statt »Ich hasse mich« den Satz »Ich bin schön« sagen. Das kann tatsächlich klappen, aber auch mit der positiven Affirmation gibt es ein kleines Problem: Wenn du dich so richtig scheiße findest und dann versuchst, dich als perfekten Menschen zu affirmieren, dann ist das affig. Es wäre so, als würdest du versuchen, ohne Internet ein Bikini-Selfie hochzuladen.

Selbstliebe-Affirmationen funktionieren tatsächlich nur bei Menschen, die die Affirmation eigentlich nicht benötigen, weil sie schon ein gutes Selbstwertgefühl haben. Eine Studie der University of Waterloo in Kanada belegt, dass Menschen mit niedrigem Selbstwertgefühl hier wahrscheinlich keinen Erfolg haben werden, sondern eher noch negative Effekte triggern. Wenn du dich also so gar nicht gut findest, dir das aber täglich mit Affirmationen einreden willst, dann kann es sein, dass du dich sogar schlechter fühlst als vorher. Eine Affirmation gelingt nur dann, wenn sie ansatzweise deinen Erfahrungen und deinem Selbstbild entspricht. Wenn du also so gar nicht mit dem positiven Gedanken d'accord bist, dann wird deine innere Stimme laut »Lüge!« schreien. Ein zerstörtes inneres Selbstbild kannst du nicht von heute auf morgen ändern. Für mich war das ein langwieriger Prozess, der immer noch andauert.

Ich habe jahrelang die eigentlichen Probleme ausgeblendet. Dann kam mit Mitte 20 der Zusammenbruch und der größte Schmerz, den ich jemals erfahren habe. Ein Schmerz, der unglaublich lange anhielt und über die Jahre immer wieder ausbrach. Das Gute ist: Mit dem Schmerz beginnt die Heilung.

Der erste Schritt hin zu mehr Selbstwert besteht darin, zuzugeben, dass es irgendwo wehtut. Den Mut zu haben, sich das einzugestehen, was man bislang erfolgreich verdrängt hat. Was danach kommt, kann Jahre dauern, aber es ist ein Prozess, der sich lohnt. Nicht Selbstliebe ist das Zauberwort, sondern Selbstakzeptanz. Akzeptiere deine Schwächen, lerne ehrlich aus Fehlern, und gib diese zu, schätze dich realistisch ein, und akzeptiere all deine Facetten. Das ist vor allem in den Zeiten wichtig, in denen es dir gerade nicht so gut geht.

Wir haben alle Dinge, die wir an uns nicht mögen. Wir haben Schwächen, wir können nicht alles gleich gut, wir haben Angst, wir sind aufbrausend, wir sind manchmal unfair, wir sind unsicher, wir haben große Nasen und runde Bäuche, Orangenhaut und Schlupflider, wir scheitern, wir machen Fehler. Es wäre vollkommene Hybris, dann trotzdem zu sagen: Ich bin supertoll und stolz auf all das, was ich bin. Bullshit. Ich bin nicht stolz auf alles, und manchmal bin ich ganz klein mit Hut, stehe Panikattacken durch oder entschuldige mich für einen Fehler, auch wenn es mir schwerfällt. Ich akzeptiere, dass ich so bin, und tue nicht (mehr) so, als wäre ich unfehlbar. Das ist manchmal schmerzhaft, deswegen verschließen viele Menschen auch die Augen davor, aber auf mein Leben gerechnet ist das so viel wert und bereichert mich, weil ich dadurch unglaublich viel lerne. Ich bin kein schlechter Mensch, nur weil ich einen Fehler mache. Ich bin kein Versager, wenn ich im Job an einer Aufgabe scheitere.

Erarbeite dir eine gehörige Portion an Selbstakzeptanz. Lerne, mit Kritik umzugehen. Entschuldige dich, wenn du einen Fehler gemacht hast. Bleib selbstreflektiert. Suche nicht nach Bestätigung bei anderen. Lade weniger Selfies hoch und definiere dich nicht nach Likes.

Finde dich selbst extrem geil, und zwar ehrlich. Tue alles dafür, dich gut zu finden. Erfinde keine Ausreden, warum du so bist, wie du bist. Rechtfertige dich nicht. Wenn du wirklich zu dir stehst, dann stehst du da drüber. Und wenn es dich triggert, dann begib dich doch noch mal auf die Reise und schau, wo es wehtut. Wenn du dich selbst innerlich cool findest, dann gehst du übrigens auch viel gelassener mit Oberflächlichkeiten wie deinem Körper um.

Was nützt dir ein schöner Körper, wenn die Seele darin hässlich ist?

Eben.

Tipps für mehr Selbstliebe

Me Time

Selbstliebe hat nichts mit Egoismus zu tun. Es ist absolut okay, sich Zeit für sich zu nehmen und Dinge zu tun, die einem ein gutes Gefühl geben. Sei es das lange, ausgiebige Bad oder die Gymnastik am Morgen, es ist deine Zeit, und du entscheidest, wie du sie verbringst. Unser Körper braucht regelmäßig Phasen, in denen er sich erholen kann.

Auch eine Zeit ohne digitale Geräte bewirkt in der heutigen Zeit kleine Wunder. Wir sollten wieder lernen, wie wir uns mit uns selbst beschäftigen, ohne im nächsten Onlineshop abzuhängen oder Candy Crush zu spielen.

Sei nett zu dir selbst

Oft behandeln wir uns selbst total mies. Wir betrachten und verachten uns: Der Bauch ist zu wabbelig, die Oberschenkel sind zu fett und voller Orangenhaut, und überhaupt ist dieser Pickel da das absolute No-Go! Würden wir jemals so etwas zu einer Freundin sagen?! Siehste! Mit uns selbst gehen wir jedoch hart ins Gericht.

Diese negativen Gedanken dürfen wir nicht unterschätzen. Sie führen zu Unzufriedenheit und lassen unser Selbstbild leiden. Sobald du also merkst, dass du mal wieder drauf und dran bist, so richtig über dich selbst abzulästern, dann sag STOPP und steuere dagegen. Niemand ist so wie du. Sag dir also sofort drei Dinge, die du an dir magst! Los, hopp, hopp!

Hör auf deinen Körper und Geist

Wenn du erschöpft bist und Ruhe brauchst, dann fordere sie ein. Wer sich zu lange quält und dem Körper keine echte Entspannung gönnt, der riskiert psychische Erkrankungen wie Depression, Burn-out oder auch Erschöpfungszustände – keine schöne Situation. Wir versuchen viel zu oft, es allen recht zu machen, und vergessen über all dem uns selbst und unser ganz natürliches Bedürfnis nach Ruhe. Dabei gibt uns unser Körper, dieser geniale Dude, rechtzeitig Signale. Nur leider hören wir oftmals nicht richtig hin, ab und an ist ein gutes Zwiegespräch mit deinem wundervollen Body also mehr als angebracht. Ich spüre mich, und ich entspanne mich.

Bye-bye, falsche Schönheitsideale

Mediale Schönheitsideale, egal ob Instagram, Filme oder Magazine, haben nichts mit der Realität zu tun. Wir alle wissen es, und trotzdem fühlen wir uns durch die ständige Präsenz dieser superperfekten Körper minderwertig. Wie zur Hölle kann das sein? Mir hat es sehr geholfen, allen Instagram-Accounts zu entfolgen, die mir dieses unschöne Gefühl gegeben haben. Und Magazine, die in ihren Modestrecken nur Mädchen im Alter von 17 Jahren mit Kleidergröße 34 abbilden, kaufe ich schon lange nicht mehr.

Belüg dich nicht selbst

Der Gedanke »Wenn ich abgenommen habe und endlich so aussehe, wie ich es mir schon immer erträumt habe, dann bin ich glücklich« ist eine Lüge. Wir lügen uns kackdreist mitten ins Gesicht und merken es noch nicht mal. Kein Gewicht der Welt macht glücklich. Kein fehlendes Kilo bringt dir mehr Zufriedenheit. Es besteht kein Zusammenhang zwischen Dünnsein und Glück. Es kommt nicht auf deine Körperform, auf deine Brüste oder deinen Hintern an. Was wirklich zählt, ist das, was du mit und in deinem Leben anstellst. Welche Ziele hast du? Was ist dir wirklich wichtig?

Glücklich sein

Was macht dich glücklich? Was macht dich unglücklich? Schreibe beides in Stichpunkten auf. Es hilft, sich darüber bewusst zu werden und sich selbst besser zu verstehen. Positive und negative Emotionen gehören zum Leben, es ist ein ständiger Balanceakt. Ohne Schwankungen wäre das Leben auch ziemlich langweilig. Trotzdem ist es gut, sich den Dingen zuzuwenden, die einen mit Glück erfüllen, weil sie in uns positive Denkmuster festsetzen und unser Leben in die für uns richtige Richtung lenken.

Achtsamkeit

Achte auf deinen Körper, denn du hast nur den einen. Es ist nicht wahr, dass dünne Menschen gesund und dicke Menschen ungesund sind. Zu viel Alkohol, Nikotin und zu wenig Bewegung setzen dem Körper zu – egal bei welchem Gewicht. Ich bin eine ganze Weile 10 000 Schritte am Tag gelaufen und ins Büro spaziert. Diese Zeit habe ich ganz bewusst für mich genutzt. Es ist erstaunlich, wie das Energielevel ansteigt, sobald man auf seinen Körper achtet. Nicht nur das Wohlbefinden steigt, sondern auch das Mindset verändert sich positiv.

Mantra, Mantra

Überlege dir ein oder zwei Mantras, die dich daran erinnern, was dir wichtig ist. Sätze oder Wörter, die dich beruhigen und negativen Gedanken keinen Raum lassen. So hast du auch in schwierigen Momenten einen Ruhepol, der dir hilft und positive Energien freisetzt. Dieses Mantra sagst du dann 21 Tage lang jeden Tag mehrmals, damit es sich in deinem Gehirn verankert und positive Gefühle in dir auslöst. Ich schenke dir gern mein Mantra: Wenn ich mir genüge, genüge ich.

Schlechte Tage

Jeder hat mal einen schlechten Tag, an dem man sich unwohl und nicht schön fühlt. Ich habe das oft während meiner Periode. Dann sinkt die Stimmung in den Keller und die Welt geht unter. Ich verkrieche mich im Bett, vergieße ein paar Tränchen, bestelle ungesundes Essen und bemitleide mich ganz fürchterlich. Immer wieder tappe ich an solchen Tagen in die Falle und glaube, dass mein Leben ab jetzt nie wieder besser wird.

Da helfen nur positive Gedanken und Aktionen. Mach dir bewusst, dass das nur ein Tag ist (oder manchmal auch ein paar mehr). Das geht vorbei. Tu dir Gutes, damit diese Tage erträglicher werden. Nimm ein Bad, geh spazieren, iss gesund und lecker. Und schlafe viel.

Sei geduldig und lerne stetig

Sei nicht zu hart mit dir. Sich zu akzeptieren und selbst zu lieben ist ein Prozess. Du kannst leider nicht auf einen Knopf drücken, und alles ist gut. Es hilft aber, wenn du dich mit den Themen Selbstliebe und Achtsamkeit auseinandersetzt. Überlege, warum du so hart mit dir ins Gericht gehst. Einem Schönheitsideal nachzueifern, das schlicht nicht zu erreichen ist, um dann was? Was erhoffst du dir davon? Ist es wirklich das, worauf es ankommt? Wie so oft im Leben wirst du auch hier feststellen, dass oberflächliche Schönheit dir nicht zu einem glücklicheren Leben verhilft. Glücklich wirst du, wenn du dich findest in all deiner Ehrlichkeit und Transparenz.

Hauptsache Hautpflege

Wenn wir schon über Schönheit sprechen, so machen wir einen kurzen Exkurs in Sachen oberflächliche Schönheit. Hierzu gibt es von meiner Seite nur Folgendes zu sagen: Wenn ihr eure Haut pflegen wollt, dann sind Sonnenschutz und Feuchtigkeit eure allerbesten Freunde. Es gibt keine besseren, glaubt mir.

Ohne Sonnenschutz geht gar nichts. Selbst wenn ihr jetzt noch keine Anzeichen der Hautalterung seht – die Schädigung ist meist größer, als man denkt. Vergesst all die Mittelchen, die die Industrie euch andrehen will. Unsere Badezimmer quellen über davon, das ist doch Irrsinn. Wer seine Haut ständig neuen Tiegelchen aussetzt, der riskiert Pickel, Allergien und Irritationen. Das braucht kein Mensch. Deshalb: Sonnenschutz und Feuchtigkeit. Ende des Schönheitskonsums.

Ich habe eine kroatische Mama und (logischerweise) auch eine kroatische Großmama. Da sollte man meinen, dass eine knackige Bräune vorprogrammiert ist. Pustekuchen. Omschi ist rothaarig und hellhäutig, und auch meine Mama besitzt eine, bezeichnen wir es als noble Blässe. Ich nannte mich selbst lange käsig, aber mittlerweile mag ich meine helle Haut. Viele Jahre lang veranstaltete ich beim Sonnenbaden ein russisch Roulette, ob die Sonnenallergie ausbricht oder nicht. Irgendwann entschloss ich mich dazu, die Sonne ganz zu meiden. Heute bin ich diejenige, die im Sommer sogar den Ampelschatten am Straßenrand sucht, um bloß nicht der prallen Sonne ausgesetzt zu sein. Ich vertrage die Hitze nicht gut, und ich glaube es förmlich zu spüren, wie die Strahlen meine Haut schädigen.

Vor einiger Zeit war ich mit einigen anderen Bloggerinnen zum Hautscreening eingeladen. Bei einem gemütlichen Frühstück wurden wir über Sonnenschutz und Strahlung aufgeklärt. Wer wollte, durfte sich einem High-Tech-Screening unterziehen, bei dem die Haut analysiert wird. Nach dem Resultat wurde so manches Gesicht ganz schön lang. Was sich nämlich in den unteren Hautschichten verbirgt, ist oft erschreckend. Ich selbst nutze seit meinen Teenagertagen nur Tagescremes mit einem Lichtschutzfaktor von mindestens 15 – egal, ob Sommer oder Winter. Natürlich war ich neugierig und auch ein wenig aufgeregt, was der Test bei mir bringen würde. Hat der jahrelange Lichtschutz Wirkung gezeigt? Ja, hat er. Das Screening zeigte: Meine Haut ist besser als die von 90 Prozent der restlichen Testpersonen meiner Altersklasse. Klarer Beweis dafür, dass Sonnenschutz unerlässlich ist.

Na, wie lange könnt ihr ohne Sonnenschutz raus? Wisst ihr nicht? Ich auch nicht. Ich habe es schon 100 Mal nachgeschaut und ausgerechnet, vergesse es aber immer wieder. Mittlerweile findet ihr aber online easy Tabellen oder Apps, wo ihr euer Sonnenkonto nachlesen könnt. Meine körpereigene Schutzzeit liegt bei extremer Sonne irgendwo zwischen drei und zehn Minuten. Da creme ich mich doch lieber gleich ein ... Übrigens: Die Eigenschutzzeit multipliziert mit dem LSF ergibt die Zeit in Minuten, in denen du ohne Sonnenbrand in der Sonne brutzeln kannst – regelmäßiges Nachcremen bitte!

Denkt bitte nicht, dass ihr euch nur im Urlaub schützen müsst. Das ganze Jahr über ist Sonnenschutz angebracht. Eine gute Tagescreme enthält mindestens LSF 15 und Antioxidantien. Wichtig: Auch an grauen Tagen, an denen sich die Sonne gar nicht blicken lässt, gelangen rund 70 Prozent der uns älter machenden UVA-Strahlung auf die Erde, wir nehmen sie nur nicht so stark wahr.

Wenn ihr eurer Haut zusätzlich etwas Gutes tun möchtet, dann gebt eurem hübschen Gesicht eine Extraportion Feuchtigkeitspflege in der Nacht. Das kann in Form eines Serums oder auch einer Gesichtsmaske sein. Eure Haut mag es übrigens nicht, wenn ihr heute dieses Tiegelchen und morgen jene Creme benutzt. Im Gegensatz zu unseren Haaren, die sich regelmäßig über neue Inhaltsstoffe freuen, ist unsere Haut sehr treu und braucht übrigens auch einige Wochen, um sich an eine neue Pflege zu gewöhnen. Habt deshalb etwas Geduld mit euren Cremes und wechselt nicht ständig, das verursacht Pickelchen und sonstige Irritationen.

Lasst uns in Sachen Inhaltsstoffe Tacheles reden. Viele Beautyprodukte enthalten viel Mist, der nicht nur eure Haut irritiert und im schlimmsten Falle zu Allergien führt, sondern auch die Umwelt belastet. Sucht euch Produkte ohne die drei kritisch diskutierten, hormonaktiven und irritierenden Filter Octorcrylene, Ethylhexyl Methoxycinnamate und Butylmethoxydibenzoylmethan. Insbesondere bei einer täglichen Verwendung von Face-UV-Schutz-Produkten ist es absolut essentiell, hautfreundliche Filter zu verwenden! Die besten Produkte enthalten kein Parfum, keine Mineralöle, keine Emulgatoren, keine Konservierungsmittel, keine PEG/PPG-Verbindungen (Bindemittel/Lösungsmittel/Weichmacher), keine Silikone und keine Aluminiumverbindungen. Gerade Emulgatoren stehen in Kombination mit Mineralölen im Verdacht, sogenannte Sonnenallergien auszulösen. Finger weg!

Mikroplastik

Es kann nicht angehen, dass wir in unseren Badezimmern stehen, unsere Gesichter und Körper von Schmutz befreien, uns äußerlich picobello reinigen, dabei aber die Umwelt belasten. Deshalb müssen wir über Mikroplastik reden!

Mikroplastik in unseren Kosmetikartikeln verunreinigt die Umwelt, denn es kann *nicht* recycelt werden und belastet die Meere wie auch deren Bewohner. Es wird Zeit, hier achtsam zu sein.

Viele glauben, dass die Kosmetik, die wir alltäglich benutzen, frei von schädlichen Kunststoffen ist. Das ist ein großer Trugschluss. Zwar verzichten einige Kosmetikhersteller weitestgehend auf Mikroplastik, der als fester Bestandteil und kleiner als fünf Millimeter definiert ist, gleichzeitig führen diese Unternehmen den Kosmetik- und Pflegeprodukten jedoch flüssige, wachsartige und pulvrige Kunststoffe hinzu, die ebenfalls in die Meere gelangen und dort enormen Schaden anrichten. Somit habt ihr vielleicht ein Produkt ohne Mikroplastik, dafür aber mit flüssigen Kunststoffen, die genauso schädlich sind.

Wir verwenden Kosmetik- und Reinigungsprodukte in unseren Badezimmern, von dort gelangen die Inhaltsstoffe über unseren Abfluss in die Gewässer. Das Problem: Mikroplastik kann von Kläranlagen nicht herausgefiltert werden. In den Meeren, Flüssen und Seen sammeln sich an den Plastikpartikeln Schadstoffe, die wiederum von Fischen gefressen werden und letzten Endes dann wieder auf unseren Tellern landen. Dabei ist noch nicht wirklich bekannt, welche verheerenden gesundheitlichen Folgen das auf lange Sicht haben wird. Wissenschaftler gehen von Allergien, Unfruchtbarkeit bis hin zu Herz- und Krebserkrankungen aus. Ein Horrorszenario.

Für uns Verbraucher ist nur schwer zu erkennen, welche Kosmetika Mikroplastik oder schädliche Kunststoffe enthalten. Das Fachchinesisch auf den Produkten verwirrt und führt manchmal hinters Licht. Greenpeace hat online eine Liste zusammengestellt mit Fachbegriffen für alle gängigen Kunststoffe in Kosmetik- und Körperpflegeprodukten:

• Acrylate Copolymer (AC) • Acrylate Crosspolymer (ACS) • Dimethiconol • Methicone • Polyamide (PA, Nylon) • Polyacrylate (PA) • Polymethyl methacrylate (PMMA) • Polyquaternium (PQ) • Polyethylene (PE) • Polyethylene glycol (PEG) • Polyethylene terephthalate (PET) • Polypropylene (PP) • Polypropylene glycol (PPG) • Polystyrene (PS) • Polyurethane (PUR) • Siloxane Silsesquioxane

Ich versteh nur Bahnhof, aber diese Stoffe sind beispielsweise in Duschgel, Peelings oder Creme enthalten. Ein einheitliches Verbot dieser schädlichen Inhaltsstoffe ist längst überfällig. Wer hat schon die Muße, all die Fachbegriffe gegenzuchecken? Trotzdem sollten wir versuchen, bewusster einzukaufen. Mit Hilfe einer App namens Codecheck könnt ihr im Laden schnell überprüfen, was sich alles hinter dem Fachchinesisch verbirgt. Beschäftigt euch damit, was ihr euch tagtäglich ins Gesicht schmiert.

So reinigst du dein Badezimmer

Jetzt sind wir mit der inneren und äußeren Reinigung unserer Selbst durch. Höchste Zeit, das Badezimmer ebenfalls rein zu halten. Mehrmals täglich besuchen wir das Badezimmer, und bei jedem Aufenthalt verunreinigen wir es ein wenig. Wir schrubben im Waschbecken den Schmutz von unseren Händen, wir benutzen die Toilette, wir duschen, wir kämmen uns ... Das Bad sollte daher regelmäßig ein kleines Upgrade erhalten. Damit das nicht zu nervig wird, erinnert euch an den aufgeräumten Schrank unter der Spüle, wo sich die vorbereitete Box mit allen Mittelchen fürs Bad befindet. Auch die entsprechenden Schwämme und Lappen findet ihr darin. Wenn ich alles schnell zur Hand habe und mich nicht erst durch alle Mittelchen wühlen muss, dann fällt es mir auch viel leichter, schnell mal über alles drüberzuwischen.

Am besten putzt ihr das Bad, indem ihr erst einmal alles, was lose herumsteht, entfernt. Die Shampooflaschen in der Dusche, diverse Parfumflakons, Cremes und Co. packe ich in einen leeren Wäschekorb und stelle ihn vor die Tür. Handtücher und Teppiche kommen direkt in die Wäsche. Dann habe ich Platz und muss nicht ständig etwas hochheben und drunter durchwischen.

Waschbecken, Dusche, Badewanne

Seifenreste, Kalk und Flecken lassen sich bestens mit Zitronensäure oder Essigessenz entfernen. Nehmt eine leere Sprühflasche und verdünnt das Mittel mit Wasser (Mengenangaben auf der Packung beachten), so habt ihr es immer perfekt zur Hand. Alles easy mit Putzmittel einsprühen – Armaturen und Duschkopf nicht vergessen – kurz einwirken lassen und dann schrubben. Metallschwämme haben im Bad übrigens nichts zu suchen, damit könnt ihr eure Oberflächen beschädigen, und das wollt ihr sicherlich nicht.

Gelbe Flecken könnt ihr mit einem Salz-Essig-Brei bearbeiten und über Nacht einwirken lassen. Wenn es ganz hartnäckige Verschmutzungen sind, hilft ein Allzweckreiniger aus Natron.

Regelmäßig sollten wir im Bad die Abflüsse reinigen. Ich persönlich ekle mich ja vor nassen Haaren im Abfluss, ja, auch vor meinen eigenen. Deshalb habe ich überall Haarsiebe, aus denen ich die Haare sofort entferne, bevor sie im Abfluss festhängen und zu einer widerlichen, schleimigen Masse werden. Brrr, da schüttelt es mich. Den Abfluss bekommst du mit Natron und Essig sauber: Dazu einfach drei bis vier Esslöffel Natron und etwa 100 Milliliter Essig (eine halbe Tasse) in den Abfluss geben. Es zischt und sprudelt, und wir dürfen uns wieder wie im Chemieunterricht an einer Reaktion erfreuen. Einige Minuten warten und dann mit heißem Wasser ausspülen.

Fliesen

Fliesen werden gern mal vernachlässigt, das ist auch halb so wild, denn im Grunde sind sie pflegeleicht. Ab und an sollten aber auch diese gereinigt werden, vor allem wenn sie regelmäßig mit Wasser in Kontakt kommen, so wie in der Dusche oder hinter dem Waschbecken. Im Badezimmer herrscht ständig Feuchtigkeit, vor allem in Form von Wasserdampf. Dieser lagert sich überall ab, kann Kalkflecken verursachen und im Extremfall auch Schimmel – davon sind dann meist die Fugen betroffen. Kontrolliert also immer mal wieder die Fugen zwischen Wand und Becken sowie die Ecken in eurem Bad. Essigreiniger ist hier euer bester Freund, er kämpft bestens gegen hartnäckige Verschmutzungen und eliminiert auch unangenehme Gerüche. Fugen bekommt ihr mit Backpulver sauber.

Toilette

Iiiiihhhh, Bakterien! Doch wer aufmerksam gelesen hat, der weiß, dass wir uns vor dem WC weniger ekeln müssen als vor der Spüle in der Küche. Deshalb gehen wir hier ganz gelassen an die Reinigung. WC-Reiniger in die Schüssel geben und einwirken lassen, währenddessen könnt ihr Klobrille und Deckel sauber machen und das Becken außen abwischen. Dann nehmt ihr die Klobürste und schrubbt ordentlich, besonders unter dem Rand. Bitte danach die Spülung betätigen und gleichzeitig beim Spülvorgang auch die Klobürste einmal duschen.

Kleinere Rückstände könnt ihr mit einer Lösung aus gleichen Teilen Branntweinessig und Wasser entfernen. Einfach einsprühen und zehn Minuten einwirken lassen. So beugt ihr auch neuen Kalkablagerungen vor. Am Schluss noch einmal spülen, um den Essig zu entfernen. Happy Stuhlgang!

Handtücher und Badezimmerteppiche

Na, lebt dein Handtuch auch schon? Ganz bestimmt! Was sich da zwischen den Fasern tummelt, ist zwar nur unter einem Mikroskop zu erkennen und meist nicht gesundheitsschädlich. Lässt man sich das aber mal auf der Zunge, Verzeihung, auf der Haut zergehen, dann wird's ein bisschen eklig. Neben Bakterien und Schuppen findet ihr da nämlich auch Pilze, Speichel-, Harn- und Analsekret. Schönen Dank auch! Daher gilt: Benutzt euer Duschhandtuch maximal drei Mal. Lasst es zwischendurch immer gut trocknen. Falls ein Handtuch muffelt, dann feiern die Mikroben Party – ab in die Maschine damit!

Teilt ihr euer Handtuch mit anderen, dann könnt ihr in Kontakt mit Organismen kommen, die euer Astralkörper gar nicht mag. Das resultiert dann in Pickeln, Furunkeln und schlimmstenfalls Infektionen. Deshalb: Bei unreiner Haut noch mehr auf die Handtuchhygiene achten.

Eure Handtücher und auch die Badezimmerteppiche wascht ihr am besten bei 60 Grad, damit alle Keime abgetötet werden. Die Teppiche könnt ihr mehrmals pro Woche ausschütteln, das entfernt nicht nur Staub und Krümel, sondern lockert den Flor, und das Ding bleibt lange flauschig. Je nach Personen im Haushalt und Badezimmerbenutzung solltet ihr die Teppiche alle zwei bis vier Wochen waschen. Achtet immer auf die Pflegehinweise der Hersteller. Manche Badvorleger haben Gummierungen und müssen besonders gewaschen werden. Mein Tipp: Holt euch unempfindliche Materialien, damit ihr auch wirklich bei 60 Grad waschen könnt und nicht zusätzliche Hygienemaßnahmen ergreifen müsst – das schont die Umwelt und ist gut fürs Zeitmanagement.

Wäsche waschen

Wäsche richtig waschen will gelernt sein. Wäsche richtig waschen heißt vor allem: wissen, was zu tun ist. Wie wasche ich das schwarz-weiß gestreifte Teil? Mit Flüssigwaschmittel, Pulver oder Tabs? Wozu brauche ich das 90-Grad-Programm? Meister der Kleiderpflege haben länger was von ihren Lieblingsteilen, schonen die Umwelt und sparen Geld. Nichts erleichtert uns den Alltag mehr als kleine Dinge, die wie von selbst laufen. Und mal ehrlich: Wer möchte seinen Lieblingspulli nicht lieber fünf Jahre oder länger tragen, anstatt ein Jahr oder sogar nur bis zur ersten Wäsche?

Materialfragen

Muss man Wäsche grundsätzlich trennen?
Ja, wenn man lange Freude daran haben möchte, dann schon.
Das Wichtigste ist, dass man Weißwäsche von Buntwäsche
trennt. Am besten ist, man trennt in drei Fraktionen: weiß,
hell und dunkel. Wer es perfekt machen will, separiert auch
die roten Teile, um keine bösen Überraschungen zu erleben.

Welche Materialien kann man zusammen waschen?
Baumwolle und Synthetikfasern. Wolle und Seide.

Wie eliminiere ich einen Grauschleier auf meiner
Kleidung?
Gebt ein kleines Päckchen Backpulver mit dem Waschmittel in das entsprechende Fach. Statt des Backpulvers könnt
ihr auch einen Teelöffel Salz nehmen und zum Waschpulver
hinzufügen.

Muss man alles auf links waschen?
Nicht unbedingt, es ist aber empfehlenswert, weil die Reibung schwächer ist und die Faser geschont wird.

Wie kann man Waschpilling vermeiden?
Schwer, weil es meist an der Ausrüstung des Textils liegt.
Pilling ist eine Folge mechanischer Eingriffe, passiert aber
nicht nur beim Waschen, sondern auch beim Tragen. Fürs
Waschen gilt: Feinwäsche und auf links drehen.

Wie wasche ich Kaschmir?
Wenn die Maschine ein Handwaschprogramm hat, kann
man Kaschmir problemlos in der Maschine waschen. Das

Handwaschprogramm ist übrigens besser als eine echte Handwäsche, weil wir oft dazu tendieren, die Stoffe zu sehr zu schwenken und zu scheuern. Die Waschmaschine ist sehr viel sanfter. Übrigens: Habt ihr kein Wollwaschmittel zur Hand, könnt ihr einfach auch Shampoo nehmen. Das ist besser, als irgendein anderes Waschmittel zu benutzen.

Wie wasche ich meine Oberteile mit Applikationen?
Auf links drehen und am besten in ein Wäschesäckchen stecken. Nicht mit Jeans oder anderen steifen Materialien zusammen waschen, weil die Reibung sonst zu groß ist. Feinwäsche mit halber Beladung ist am besten.

Wie wasche ich meine BHs?
Immer im Säckchen, schon allein deswegen, damit die Schließen nicht die andere Wäsche kaputt machen. Normalerweise kommen BHs ins Feinwaschprogramm.

Wie wasche ich meine Sneaker?
Generell bitte erst einmal darauf achten, ob der Hersteller sagt, dass es funktioniert – sonst auf eigene Gefahr. Die Sneaker in zwei separate, bestenfalls abgepolsterte Säckchen geben und am besten drei Handtücher dazu, um die Trommel zu schützen. Die Handtücher reiben schön an den Schuhen und machen sie sauber. Sneaker gehören ins Feinwäscheprogramm.

Wie wasche ich Sportbekleidung?
Ganz normal. Bei Sand- und Grasflecken am besten mit Vorwäsche. So wird der mechanische Schmutz ausgespült und reibt nicht. Keinen Weichspüler verwenden, und empfindliche Materialien nicht zusammen mit Baumwolle waschen.

Kommen meine schwarz-weißen Ringelshirts in die Bunt-
oder in die Weißwäsche?

Sobald eure Kleidung Farbe enthält, kommt sie in die ge-
mischte Buntwäsche. Dass sich die weißen Streifen mit der
Zeit verfärben, könnt ihr leider kaum vermeiden. Damit
Weiß strahlend weiß bleibt, braucht ihr optische Aufheller,
und diese vermindern leider die Farbbrillanz.

Wie wasche ich meinen Wollmantel?

Bitte nur waschen, wenn es im Care-Label erlaubt wird. Der
Mantel enthält Verklebungen, die beim Waschen beschädigt
werden können. Den Wintermantel übrigens immer vor
dem Einlagern reinigen. Motten lieben Fett, das sollte man
also vorher unbedingt herauswaschen.

Wie entferne ich Tierhaare?

Am besten überhaupt nicht in der Waschmaschine, sondern
erst einmal ausbürsten. Wenn ihr dazu zu faul seid, wählt
zumindest einen zusätzlichen Spülgang, das kann bereits
helfen.

Welche Stoffe dürfen auf keinen Fall in die Maschine?

Sakkos enthalten Verklebungen an den Schultern und Krä-
gen, die durch eine Maschinenwäsche zerstört werden können. Leder sollte zudem auch nicht in die Maschine.

Wie bleiben meine Handtücher lange kuschelig?

Wenn man einen Wäschetrockner nutzt, bleiben sie weich.
Handtücher werden generell hart, wenn man sie auf der
Leine trocknet, das kann man durch die sogenannte Tro-
ckenstarre kaum vermeiden. Nach dem Trocknen hilft es,
die Handtücher einmal aufzuschütteln, dann werden sie

weicher. Wer es mag, kann einen Weichspüler benutzen, dieser wiederum mindert allerdings die Saugfähigkeit der Handtücher.

Maschinenfragen

Waschmitteldosierung

Unser Waschverhalten wird, wie so viele andere Dinge, meist von Routinen bestimmt oder von Vorgaben, die wir von anderen übernehmen. Es lohnt sich daher, mit ein paar Waschmythen aufzuräumen und sich einmal genau mit dem Thema zu beschäftigen. Hast du gewusst, dass moderne Waschmaschinen überdosiertes Waschmittel in der Wäsche mit zusätzlichen Spülgängen ausgleichen? Dadurch musst du länger auf deine frische Wäsche warten, und es wird Energie verschwendet – du zahlst mehr, und deine Wäsche ist nicht sauberer.

Dosiert also Waschmittel und Weichspüler richtig. Oftmals sind wir faul und kippen einfach das hinein, was wir für richtig halten – ja, hier fasse ich mir auch an die eigene Nase. Das ist aber gar nicht gut. Zu viel Waschmittel setzt sich in der Maschine ab und verschmutzt diese. Mehr ist also nicht gleich mehr. Findet auch eure Wasserhärte heraus (das funktioniert meist ganz easy online über dein zuständiges Wasserwerk), so könnt ihr anhand der Dosierungsanleitung auf der Verpackung die richtige Menge ermitteln.

Darüber hinaus solltet ihr den Filter regelmäßig entleeren, damit er nicht von Fusseln und Haaren verstopft wird. Lasst nach dem Waschgang die Tür und auch die Waschmittelschublade eine Zeitlang offen, damit die Feuchtigkeit entweichen kann und sich kein Schimmel bildet.

Vorwäsche

Die Vorwäsche ist oft gar nicht nötig. Es sei denn, du schmeißt regelmäßig stark verschmutzte Kleidung in die Waschmaschine. Die richtige Maschine kann dir viel erleichtern und einiges abnehmen, weil sie entsprechende Programme für jegliche Materialien bereitstellt. Moderne Maschinen können tatsächlich mittlerweile fast alles. Jetzt wünsche ich mir nur noch eine, die bügelt ...

Was ist der Unterschied zwischen Pflegeleicht und Feinwäsche?

Pflegeleicht ist etwas stärker als Feinwäsche und für dünne Textilien, die weitestgehend knitterfrei sind, beispielsweise Hemden und Stoffe, die man im Sommer trägt. Alles was empfindlicher ist, wie Strick und feine Blusen, kommt in die Feinwäsche.

Muss ich vor dem Schleudern ein Handtuch mit in die Maschine geben, um Umwucht zu vermeiden?

Nein, das ist veraltet. Neue Maschinen haben eine Umwuchtüberwachung.

Meine Kleidung hat auf einmal kleine Löcher. Kommt das von der Maschine?

Bei mir kommen Löcher in der Kleidung meistens von meinen Katern Willi und Flip, die mit Freuden den Wäscheständer rauf und runter jagen oder zwischen den trocknenden Handtüchern Fangen spielen ... Für Otto-Normal-ohne-Katzen-Verbraucher gilt: Es gibt Textilien, die sind anfälliger für Löcher und werden zum Beispiel beschädigt, wenn sie an Gürtelschnallen reiben. Oft liegt es auch daran, dass die Reißverschlüsse an Jacken und Hosen nicht geschlossen wurden oder BHs mit ihren Häkchen nicht im Säckchen gewaschen werden. In den seltensten Fällen ist die Trommel beschädigt.

Brauche ich zusätzlich zum Waschmittel einen Entkalker?
Nicht unbedingt, wenn die Dosierung optimal eingehalten wird. Die Wasserhärte im eigenen Haus kann man meist ohne Probleme im Internet herausfinden. So kann man das Waschmittel perfekt dosieren.

Pulver oder flüssiges Waschmittel?
Pulver enthält Bleichmittel, tötet Bakterien ab und sorgt dafür, dass weiße Wäsche strahlend bleibt. Alles andere kann durchaus mit flüssigem Waschmittel gereinigt werden. Wege, Kleidung beim Waschen zu beschädigen, gibt es viele. Was viele von uns jedoch nicht wissen: Die falsche Dosierung des Waschmittels schädigt unsere Klamotten. Zu wenig Waschmittel schmälert die Reinigungsleistung, zu viel Waschmittel schadet den Fasern. Unbedingt also die Dosieranleitung beachten

Pflegeetiketten richtig lesen

Neun von zehn Kleidungsstücken landen viel zu früh in der Tonne. Wir halten immer noch an veralteten Pflegegewohnheiten aus den Fünfzigerjahren fest. Das muss sich ändern, weil sich nämlich auch die Technik verändert hat, was Waschmaschinen und Trockner betrifft. Marken müssen damit aufhören, empfindliche Wäschestücke mit *Nur chemische Reinigung* zu kennzeichnen. Hört auf, bei zu hohen Temperaturen zu waschen, und habt keine Angst davor, Wolle auch mal in der Maschine zu waschen. In der Tat verwirren uns die Pflegeetiketten oft eher, als dass sie helfen. Wie also interpretieren wir Waschzettel richtig?

30 Grad

Die meisten von uns wissen nicht, dass auf Etiketten mit Temperaturangabe nicht die empfohlene, sondern die maximale Waschtemperatur angegeben ist. Waschen bei niedrigeren Temperaturen verlängert die Lebensdauer der Kleidungsstücke und spart Energie. Ihr spart bis zu 60 Prozent Energie, wenn ihr anstelle von 40 bei 30 Grad wascht.

Nur chemisch reinigen

Unsere empfindlichsten Wäschestücke sind mit dem Etikett »Nur chemisch reinigen« versehen. Auch wenn eure Kleidung dadurch sauber wird, handelt es sich um einen chemisch gesehen sehr heftigen Prozess, der sowohl die Wäsche als auch die Umwelt belastet. Wegen dieser Umstände vermeidet heutzutage jeder Dritte, Kleidungsstücke mit diesem Etikett zu erwerben. Einige Klamotten bedürfen tatsächlich der chemischen Reinigung. Sie enthalten aufwändige Applikationen oder Materialien, die sich verfärben oder verformen können, wenn sie zu Hause gewaschen werden. Glücklicherweise sind Chemikalien nicht eure einzige Option. Viele chemische Reinigungen sind dazu übergangen, umweltfreundlichere Methoden wie Nassreinigung und Kohlendioxid-Lösemittel einzusetzen. Wenn ihr eine chemische Reinigung in Anspruch nehmen müsst, achtet bitte darauf, einen umweltfreundlichen Betrieb zu wählen.

Nicht im Trockner trocknen

Dieses Pflegeetikett wird oft als zwingende Anweisung angesehen, Kleidung statt in der Maschine an der Luft zu trocknen. Während das für einige Textilien zutrifft, halten viele empfindliche Stoffe wie etwa Outdoor- und wasserabweisende Materialien länger, wenn man sie mit dem richtigen Programm im Wäschetrockner behandelt. Mit den meisten modernen Technologien könnt ihr sogar empfindliche Gewebe wie Seide oder Wolle trocknen. Kauft einen Wäschetrockner mit Woolmark-Zertifikat – dem könnt ihr eure feinsten Wollsachen bedenkenlos anvertrauen.

Nur Handwäsche

Viele (mich lange Zeit eingeschlossen) denken, dass die Handwäsche die sanfteste Methode ist, um ein empfindliches Kleidungsstück zu pflegen. Das ist Quatsch und gilt heute längst nicht mehr. Handwäsche kostet sowohl Zeit als auch Wasser. Außerdem beansprucht ihr die Fasern eurer Kleidung unnötig. Wählt lieber einen sanften Waschgang bei niedrigen Temperaturen, um diese Aufgabe zu erledigen, ohne eure Kleidung zu strapazieren. Meine Maschine hat tatsächlich sogar ein eigenes Handwäsche-Programm, und ich liebe es.

Waschmaschinenpflege

Hilfe, meine Waschmaschine stinkt! Das kann verschiedene Ursachen haben. Meistens wird nur mit niedrigen Temperaturen und mit Flüssigwaschmittel gewaschen, was ein Bakterienwachstum begünstigt. Es ist wichtig, ungefähr jede zweite Woche ein 60-Grad-Programm laufen zu lassen mit Bettwäsche, Handtüchern und Co. Wenn es ganz schlimm ist, kann man auch ein 90-Grad-Programm mit einem speziellen Maschinenreiniger durchlaufen lassen. Pulverförmige Vollwaschmittel enthalten übrigens Bleichmittel, und diese töten Bakterien auch ab – das hilft vor allem, wenn die Wäsche unangenehm riecht.

Was ihr regelmäßig tun solltet, ist, die Gummidichtung, Maschinenfront und Waschmittelschublade abzuwischen, damit sich Schmutz gar nicht erst festsetzen kann und zu unangenehmem Geruch führt. Eurer Maschine solltet ihr etwa zweimal pro Jahr eine Extraportion Pflege gönnen.

Für die Waschmaschine benötigt ihr keine teuren Spezialreiniger, die Waschmittelschublade könnt ihr einfach mit Essig reinigen. Achtung: Die Säure greift Dichtung, Schläuche und Metallteile an, weshalb sich Essig nur bedingt für die gesamte Maschine eignet. Für die eben genannten Teile putzt ihr mit Zitronensäure aber auf der sicheren Seite. Diese ist weniger aggressiv (bitte trotzdem Handschuhe tragen, um Hautreizungen zu verhindern). Auch für den Dichtungsgummi ist Zitronensäure ideal, einfach auf einen Lappen geben und abwischen. Natron hilft euch, um gegen Gerüche, Pilze, Keime und Bakterien vorzugehen, und ist dabei noch schonend zur Umwelt: Gebt etwa 50 Gramm Natron in das Waschmittelfach, und startet einen Waschgang bei 60 Grad.

Waschmaschine entkalken

Gebt 7 bis 8 EL Zitronensäure direkt in die Waschtrommel.

Schaltet dann die leere Maschine für einen kompletten Waschgang mit maximal 40 Grad an.

Die Zitronensäure verteilt sich durch den Waschgang in der Maschine.

Ihr habt eine Pausentaste? Perfekt! Nach der Hälfte des Waschgangs gönnt ihr eurer Maschine ein bis zwei Stunden Stand-by-Time. So kann die Säure optimal einwirken und allen Kalk lösen. Danach den Waschgang fortsetzen.

Keine Pausentaste vorhanden? Dann nach der Hälfte die Maschine ausschalten. Keine Angst, die Elektronik wird dadurch nicht beschädigt. Zitronensäure für ein bis zwei Stunden arbeiten lassen und dann die Maschine von vorne starten.

Voilà, eure Maschine ist wieder tippitoppi frisch.

Trocknerpflege

Nach jedem Trockengang solltet ihr das Flusensieb säubern, da ein volles Sieb schlecht für die Luftzirkulation ist, das wiederum erhöht die Trocknungszeit und damit auch den Energieverbrauch. Ein volles Flusensieb ist übrigens durch das feuchte Klima im Badezimmer ein perfekter Nährboden für Keime und Bakterien. Nein, danke!

Das Sieb reinigt ihr entweder einfach mit den Händen oder mittels einer weichen Bürste. Denkt auch hier wie bei der Waschmaschine an die Gummidichtungen und die Türöffnung, damit kein Dreck in der frischen Wäsche landet. Die Wärmepumpe und die Lamellen könnt ihr mit dem Staubsauger oder einem Schwamm reinigen. Groben Schmutz in der Trommel entfernt ihr mit einer Reinigungsbürste. Am besten putzt ihr euren Trockner noch in warmem Zustand, so lösen sich Rückstände leichter.

Habt ihr einen Kondensationstrockner, dann entleert bitte den Wasserbehälter nach jedem Trockengang und reinigt diesen mehrmals pro Jahr mit einem Tuch, das ihr mit warmem Wasser befeuchtet.

Besitzt ihr einen Ablufttrockner, so solltet ihr vierteljährlich den Abluftschlauch entfernen, auf Defekte überprüfen und gründlich mit warmem Wasser reinigen.

Um die Feuchtigkeitssensoren am Trockner zu reinigen, gebt einfach einen Schuss Essig in warmes Wasser und reinigt die Sensoren mit einem Tuch. Beachtet vorher bitte unbedingt die Herstellerangaben, denn teilweise müssen spezielle Entkalker verwendet werden. Bevor ihr den Trockner wieder nutzt, müssen die Sensoren komplett trocken sein.

Tipps für ein umweltfreundliches Badezimmer

Zum Schluss wollen wir uns noch damit beschäftigen, wie wir nachhaltige Alternativen in unser Badezimmer integrieren können. Noch immer verwenden wir im Badezimmer jede Menge Produkte, die umweltbelastende Chemikalien beinhalten, aus Plastik hergestellt oder sogar nur einmal nutzbar sind. Das muss nicht sein!

Naturkosmetik

Die Umweltverschmutzung, die durch Mikroplastik in unseren Kosmetikprodukten verursacht wird, ist katastrophal. Kläranlagen können die winzigen Schadstoffe nicht herausfiltern, und so landet alles in unseren Flüssen, Gewässern und Meeren. Trotzdem gibt es noch kein gesetzliches Verbot. Deshalb ist es umso wichtiger, dass wir als Verbraucherinnen darauf achten, Produkte ohne Mikroplastik zu kaufen.

Menstruationscup oder Period Panty

Es ist toll zu sehen, wenn nachhaltige Alternativen zum Trend werden beziehungsweise überhaupt mal Alternativen zur Diskussion stehen. Denn seien wir mal ehrlich, der monatliche Müll, der durch Tampons verursacht wird, ist enorm und sollte, wenn möglich, vermieden werden. Und nicht nur unter dem Aspekt der Nachhaltigkeit, sondern auch für unsere Körper wird es höchste Eisenbahn, dass wir andere Produkte ausprobieren. Also weg von Tampons mit unzähligen chemischen Inhaltsstoffen und hin zum nachhaltigen Menstruationscup. Beim ersten Mal ist das Einsetzen noch ungewohnt, aber wie bei allem macht auch hier Übung die Meisterin. Und irgendwann wollt ihr gar nicht mehr zurück in die Tampon-Ära. Ich habe mir übrigens gleich nach dem Kauf der Menstruationstasse ein Youtube-Video mit zehn verschiedenen Falttechniken angesehen. Das war super, weil ich so die für mich beste Handhabung fand.

Eine andere tolle Option ist die Period Panty, die bis zu vier Tampons ersetzen kann. Diese Höschen besitzen eine spezielle Membran, die saugfähig ist, sich aber absolut trocken anfühlt und nicht riecht. Das klingt verrückt, aber es funktioniert! Ich habe bereits mehrere Höschen getestet und bin absolut überzeugt. Die Zeiten, in denen wir verstohlen mit Codewörtern und im Flüsterton Tampons an eine Freundin in Not übergeben haben, sind definitiv vorbei.

Wiederverwendbare Abschminkpads

Zum Abschminken, für das wöchentliche Peeling oder nach der Gesichtsreinigung – Wattepads waren jahrelang ein täglicher Begleiter im Badezimmer. Ich will mir gar nicht ausmalen, welche Müllberge an Wattepads wir produzieren. Umweltfreundlich ist das bestimmt nicht. Allerdings gibt es wiederverwendbare Abschminkpads, die man ohne jegliche Zusatzprodukte einfach nass macht und für die Reinigung des Gesichts benutzt – quasi ein Radiergummi für euer Make-up. Nach der Verwendung wascht ihr die Pads mit warmem Wasser aus und gebt sie mit der nächsten 60-Grad-Wäsche in die Maschine.

Tschüss Einwegrasierer!

Plastik, wohin man schaut. Einwegrasierer sind ein Produkt, das für den Müll konzipiert wurde und ganz und gar nicht nachhaltig ist. Deshalb habe ich mir einen schicken, goldenen Rasierhobel gekauft. Zugegeben, das Wort Rasierhobel klingt nicht nach einer sanften Haarentfernung, allerdings sollte der Name euch keine Angst machen. Das Ding funktioniert wie ein Nassrasierer, in den ihr Klingen einlegt. Das erfordert anfangs etwas Übung, ist dann aber total easy, eine tolle Deko fürs Bad, und es schützt unsere Umwelt. Und, by the way, Rasierschaum gibt es auch als Seifenstück.

Seifenstücke

Warum zum Henker bin ich eigentlich jemals zu Flüssigseife aus Plastikspendern übergegangen? Bei uns zu Hause gab es immer nur Seifenstücke, so war ich das eigentlich gewohnt. Als ich dann irgendwann eine eigene Wohnung hatte, kaufte ich mir diese Seifenspender, vielleicht genau aus dem Grund, weil wir das nie hatten und ich es schick fand. Umweltsünden finde ich heute allerdings gar nicht mehr schick, deshalb reinigen wir unsere Hände nur noch mit richtiger Seife. Die haben sogar eine ganz besondere Schale in Fischform, die ich bei der Königlichen Porzellanmanufaktur in Berlin ergattert habe.

Ich benutze übrigens auch für mein Gesicht ab und an spezielle Seifen und liebe es, genauso wie für meine Haare. Auf Reisen sind Haarseifen besonders praktisch, denn sie nehmen kaum Platz weg, trocknen schnell und pflegen super. Es gibt sogar Conditioner als festes Stück, hier habe ich allerdings noch keinen gefunden, der mich überzeugt, teste aber wacker weiter. Ein Hoch auf die verpackungsfreie Kosmetik!

Putzmittel

Mehr ist mehr oder etwa nicht? Bei den vielen verschiedenen Putzmitteln, die wir zu Hause so stehen haben, sollte man das meinen. Aber Pustekuchen, denn eigentlich reichen fünf Hausmittel, um das Bad zu reinigen: Natron, Essig, Zitronensäure, Soda und Kernseife. Im Gegensatz zu konventionellen Reinigern spart ihr Geld und Abfall und schont die Umwelt, denn die Chemikalien in den herkömmlichen Putzmitteln können nicht alle in den Kläranlagen gefiltert werden und landen mal wieder in unseren Gewässern. Besorgt euch also die Grundzutaten, dann könnt ihr mit den Rezepten hinten im Buch experimentieren.

Po-Dusche

Po-Was? Die Po-Dusche soll bis zu 50 Prozent unseres Klopapierverbauchs senken. Zuerst dachte ich, es sei eine Zahnbürste, so schlank und elegant sieht eine Po-Dusche aus. Der starke Wasserdruck lässt euren Allerwertesten bestens gereinigt zurück, es ist übrigens auch total gesund, sich den Popo nach dem Toilettengang zu waschen.

Da lobe ich mir übrigens japanische Toiletten. Meine Japanreise vor einigen Jahren war diesbezüglich äußerst erhellend. Ich habe so viel über Toilettengänge und auch Toilettenakustik gelernt, denn in Japan kannst du auf dem Klo oftmals auch deine eigene Musik hören.

Wasserverbrauch mindern

Ein umweltfreundliches Badezimmer bedeutet auch, ressourcenschonend zu agieren und einen Blick auf den eigenen Wasserverbrauch zu haben. Beim Zähneputzen oder beim Rasieren unter der Dusche immer das Wasser ausstellen, das sollte Ehrensache sein. Generell ist auch tägliches Duschen überflüssig und für unsere Haut und Haare gar nicht gesund, weil sie dadurch übermäßig beansprucht werden und wichtige Talgschichten unsere Haut nicht mehr optimal versorgen können. Theoretisch müssten wir auch nicht nach jedem Toilettengang die Spülung drücken. In Südafrika gibt es das Sprichwort: If it's brown, flush it down. If it's yellow, let it mellow. Das dürft ihr nun handhaben, wie ihr möchtet ...

Wattestäbchen

Kleinvieh macht auch Mist, und so ist es schön zu sehen, dass es mittlerweile auch in den Drogerien Wattestäbchen mit einem Stiel aus Pappe zu kaufen gibt. Noch nachhaltiger sind biologisch abbaubare Bambus-Wattestäbchen, die ohne Farbstoffe, Chemie oder Plastik auskommen. Das hören wir gern und popeln gern noch mal nach.

TEIL 3

Das aufgeräumte Schlafzimmer

Für mehr Gelassenheit und innere Ruhe

»Am ruhigen Fluss ist das Ufer voller Blumen.«
CHINESISCHES SPRICHWORT

Zeit für Fragen

Viel Spaß mit den Fragen zum Schlafzimmer!

- Was war dein schönstes Erlebnis heute?
- Wofür bist du dankbar?
- Was hast du heute gelernt?
- Worauf freust du dich morgen?
- Gibt es einen Traum, den du immer wieder träumst?
- Welches ist dein Lieblingsbuch?
- Welche Musik macht dich ruhig?
- Wobei kannst du so richtig abschalten und die Welt um dich herum vergessen?
- Woran hältst du noch fest, obwohl du weißt, dass es Zeit ist loszulassen?
- Angenommen, die Seele sucht sich das jeweilige Leben bewusst aus. Warum hat sie sich dein Leben ausgesucht?

Zur Ruhe kommen

In diesem Kapitel wollen wir uns damit beschäftigen, wie wir zur Ruhe kommen. Ich habe ein oftmals hektisches und vollgepacktes Leben. Ruhe ist für mich ein schwieriges Unterfangen geworden. Ich weiß einfach nicht mehr, wie es sich anfühlt, nichts zu tun. Ich habe es verlernt, einfach mal dazusitzen, nicht am Smartphone herumzutippen und nebenher noch eine Serie auf dem Laptop zu streamen. Mein Geist wird ständig bombardiert mit Reizen, und sobald diese nicht kommen, werde ich paradoxerweise unruhig. Sobald Ruhe eintritt oder eintreten darf, will ich ausrasten, weil ich nicht beschäftigt bin. Das ist doch verrückt. Nein, nicht nur verrückt, es ist auf Dauer ungesund!

Einmal im Jahr ziehe ich mich nach Österreich zurück, um zehn Tage zu fasten. Das habe ich euch schon im Kapitel Küche erzählt. Dort bin ich in einem Gesundheitshotel und habe tagsüber verschiedene Anwendungen wie Massagen, Fußbäder, Sauerstoffanwendungen oder Schlammpackungen. Als ich das erste Mal dort war, brachte ich mein Handy zum Fußbad mit, was sollte ich bitte sonst in der Zeit tun?! Die Lady im Wellnessbereich verbot mir das Handy nicht, aber sie machte mir auf eindrückliche Art und Weise klar, dass ich hier wirklich Zeit für mich habe und diese bewusst wahrnehmen solle. Kein Buch, kein Rätselheft, kein Smartphone. Nur ich und mein Körper. Also ließ ich das Handy in der Tasche und später auch auf dem Zimmer. An den ersten Tagen war mir stinklangweilig, meine Gedanken suchten panisch nach Beschäftigung, ich konnte nicht still liegen oder still sitzen, meine Pupillen flitzten durch den Raum auf der Suche nach Unterhaltung. Ab Tag drei wurde es plötzlich besser. Ich konnte 20 Minuten ruhig sein, ohne innerlich durchzudrehen. An Tag fünf schlief ich das erste Mal während der Schlammpackung ein und wachte völlig erholt nach der Behandlung wieder auf. Mein Geist hatte endlich abgeschaltet.

Meine jährliche Auszeit in Österreich nutze ich nun auch immer als Digital Detox. Ich bin etwa eine Stunde pro Tag online, um die wichtigsten Dinge zu erledigen (ja, als Selbstständige kann ich leider nie zu 100 Prozent out of office sein, aber das ist schon sehr okay so), und dann beschäftige ich mich mit mir selbst und beobachte, was das mit mir macht. Zu Hause halte ich das dann noch eine ganze Weile aus, bis ich wieder in alte Muster verfalle. Deshalb muss ich mir, wenn ich gerade wieder einmal eine Stunde lang sekündlich Instagram, Facebook, Mail-Account und Co. aktualisiere, immer wieder ins Gedächtnis rufen, wie gut mir eine Smartphone-Auszeit tut. Niemand wird mich vermissen, wenn ich ein paar Stunden oder auch Tage offline bin, und ich werde garantiert nichts, aber auch gar nichts verpassen. Dieser Zwang, ständig online und sekündlich upgedated zu sein, macht uns doch auf Dauer kaputt. Ich merke an mir selbst gerade ziemlich stark, dass sich eine Online-Überdrüssigkeit einstellt und dass ich Instagram komplett abschalten würde, wenn es in meiner Macht läge. Ich kann es aber nicht. Mich abzumelden, schaffe ich jedoch auch nicht, denn irgendwo mag ich es sehr, vernetzt zu sein und mich inspirieren zu lassen. Ich bin noch mitten im Prozess, den für mich gesündesten und zufriedenstellendsten Weg zu finden, um mich auf Social Media zu bewegen. Die folgenden Seiten können uns allen dabei helfen, mehr Ruhe in unser Leben zu bringen und so auch zufriedener zu werden.

Psychohygiene

Wir putzen unsere Wohnung, wir schrubben unseren Körper, aber eines lassen wir oftmals außer Acht: unsere Psyche. Und es gibt meist genügend Gründe, sich ihr ein bisschen intensiver zuzuwenden. Ängste, Sorgen, Neidgefühle, Wut, Selbstkasteiungen und sonstige negative Erlebnisse verschmutzen unsere Psyche und bereiten uns Sorgen. Wir sollten daher regelmäßig auch unseren Geist reinigen, um seelisch gesund und zufrieden zu sein. Weg mit dem Gedankenunrat!

Für eine tägliche Psychohygiene brauchen wir gar nicht lange, es reichen ein paar Minuten. Probiere die folgende Methode mal einen Monat lang aus und erspüre, wie es dir damit geht.

Nach dem Aufwachen nimmst du dir ein Notizheft und schreibst deine Gedanken zu diesen Fragen hinein – Stichpunkte reichen völlig, es soll dich nicht viel Zeit kosten:

Wovor habe ich heute Angst?
Was macht mir Sorgen?
Steht heute etwas Unangenehmes bevor? Wenn ja, was?
Fühle ich mich angespannt? Warum?

Das Aufschreiben hilft dir, deine Gedanken zu sortieren, du nimmst bewusst wahr, was in dir los ist. Und das hilft bereits, einige Dinge einzuordnen. Der erste Teil deiner Psychohygiene ist schon getan.

Vor dem Zubettgehen nimmst du die Liste vom Morgen wieder in die Hand und ziehst ein Resümee:

Waren meine Ängste und Sorgen begründet?
Sind meine schlimmsten Befürchtungen eingetroffen?

An den meisten Tagen wirst du feststellen, dass alles halb so wild war. Indem du diesen Vorgang einen Monat lang wiederholst, lernt dein Gehirn, zwischen begründeten und unbegründeten Ängsten zu unterscheiden.

Ich habe auf Youtube vor einigen Jahren ein wunderbares

Video mit einem Mönch entdeckt, und ich liebe, liebe, liebe es! Es geht um den Umgang mit Sorgen. Der Mönch in dem Video heißt Gaur Gopal und wurde 1973 in Indien geboren. Ursprünglich studierte er Elektroingenieurwesen, fand aber nach einer kurzen Anstellung bei Hewlett Packard heraus, dass seine wahren Talente in der Arbeit als spiritueller Lehrer liegen. Und das stimmt. Er begeistert weltweit Menschen mit seinen warmherzigen Botschaften, egal ob im Internet oder im realen Leben. Dieser Mann hat mein Verhältnis zu den sorgenvollen Momenten meines Lebens auf humorvolle Weise komplett auf den Kopf gestellt.

Und das machen wir jetzt auch. Gehe einmal kurz in dich und denk an irgendein Problem, das dein Leben momentan beeinträchtigt. Jetzt stell dir die folgenden Fragen:

Hast du ein Problem?
Ja.
Kannst du etwas tun?
Ja? Warum machst du dir dann Sorgen?

Hast du ein Problem?
Nein? Warum zum Henker machst du dir dann Sorgen?
Why worry?

Ist das nicht großartig?!

Schlafhygiene

Ich habe leider gleich zwei Arten von Schlafstörungen. In besonders stressigen Zeiten, in denen ich emotional belastet bin, schrecke ich nur Minuten nach dem Einschlafen mit Herzrasen wieder hoch, spüre ein Gefühl der Beklemmung in meinem Brustraum und eine Art innerliches Vibrieren des Körpers. Das kann einmal passieren, sich aber in der Nacht auch mehrmals wiederholen. Ein ziemlich ekelhaftes Gefühl. In anderen Phasen wache ich gegen vier Uhr morgens auf, leider oft, weil Kater Willi Aufmerksamkeit will, das olle, liebe Vieh, und dann kann ich über Stunden nicht mehr einschlafen. Meist werde ich aber natürlich kurz vor dem Weckerklingeln wieder müde und schlafe noch mal für 15 Minuten tief und fest ein, um dann völlig gerädert aufzuwachen. Zum Glück dauern diese beiden Phasen nur wenige Tage an, sodass ich danach wieder meinen Schlaf finde. Dennoch schränkt es meine Lebensqualität in dieser Zeit bedeutend ein. Ich habe mich viel mit Schlafhygiene beschäftigt, um mich einerseits zu beruhigen und andererseits Hilfsmittel an der Hand zu haben, die mich diese Phasen überstehen lassen.

Zunächst: Ich bin nicht alleine mit meinem Problem. Gestörter Schlaf ist ein überaus häufiges Phänomen. Eine andauernde Schlafstörung ist jedoch selten, und wenn ihr euch unsicher fühlt und Bedenken habt, solltet ihr immer zu einem Spezialisten gehen, um eure Gesundheit zu checken. Es gibt in verschiedenen Städten auch Schlaflabore und Langzeitmessungen während der Nacht, die Aufschluss über das eigene Schlafverhalten geben. Wir Schlafgestörte schlafen übrigens mehr, als wir denken. Und wer immer gut und ausgeruht schläft, ist eher die Ausnahme als die Regel – wenn du zu diesen Menschen gehörst, gratuliere! Der Rest von uns hat ein Schlafbedürfnis, das sich nach Angebot und Nachfrage regelt. Das ist ein normaler Funktionsablauf innerhalb unseres Organismus, und es ist vollkommen normal, dass Nächte unterschiedlich ablaufen. Das Wichtigste, das ich gelernt habe, ist: Es bringt nichts als Stress, Schlaf zu erzwingen. Mein Körper holt sich seinen Schlaf – vielleicht leider nicht heute, dafür aber am Donnerstag. Ist ein schlaues Kerlchen, mein Körper, der weiß oft viel besser als ich, was zu tun ist. Weil ich nicht mehr in meinen Schlaf eingreifen will, greife ich nur im äußersten Notfall, beispielsweise nach Überseeflügen, zu Schlaftabletten. Ich möchte meinen Körper nicht unnötig vergiften, es geht auch ohne. Wenn ich Medikamente einnehme, habe ich außerdem das Gefühl, am nächsten Tag wie in Watte zu sein, und das möchte ich nicht, es ist für mich nicht schön, so durch den Tag zu wabern.

Ein Erwachsener braucht ungefähr sieben bis neun Stunden Schlaf, ich bin meist nach sieben Stunden topfit. Wenn ich also um 22 Uhr ins Bett gehe, stehe ich um fünf Uhr morgens gut gelaunt und voller Tatendrang auf. Das ist mein optimaler Schlafrhythmus, wobei der bei meinem Lebenswandel leider selten einzuhalten ist. Oft habe ich noch Verabredungen zum Dinner oder andere Abendveranstaltungen. Aber hey, mein Körper regelt das schon.

Die meisten Schlafstörungen treten auf, weil uns etwas auf der Seele liegt oder, etwas seltener, weil wir körperlich beeinträchtigt sind. Im Schlaf verarbeiten wir, was wir tagsüber erleben. Von daher ist es kein Wunder, dass ich miserabel schlafe, wenn ich tagsüber psychischem Druck ausgesetzt bin. Der Schlaf spiegelt meine Verfassung und auch meine momentane körperliche Gesundheit. Ich bin leider oft sehr gut darin, Probleme zu verdrängen. Wenn ich schlafe, kommt mein Unterbewusstsein und präsentiert mir das Verdrängte auf einem glänzenden Silbertablett mit weißem Spitzendeckchen. Schönen Dank auch. Es bringt also rein gar nichts, Probleme unter den Teppich zu kehren, sondern der offene, ehrliche Umgang damit, ist Gold wert. Beschäftige dich objektiv mit deiner momentanen Verfassung, oft kann schon eine vertraute Person helfen, ansonsten gibt es spezielle Coaches, und wenn es ganz schlimm ist, natürlich noch den Psychologen oder Arzt. Begreife die Ursache für deine Schlafstörung, sobald du wieder im Reinen mit dir selbst bist, dann schläfst du auch wieder wie ein Baby.

Für alle guten Schläfer die gute Nachricht: Herzlichen Glückwunsch, ihr könnt im Bett lümmeln, wie ihr möchtet, Serien gucken, essen, zocken, was auch immer. Für uns schlechte Schläfer gilt: Das Bett ist nur zum Schlafen da. Unsere Verknüpfung im Gehirn soll Bett = Schlaf sein, alle anderen Aktivitäten sind leider tabu. Pssst, hier ein Geheimnis für euch: Ich halte mich nicht immer dran und schlafe trotzdem öfter gut als schlecht ...

Hier findest du einige Hilfsmittel, um ohne Medikamente zu einem erholsamen Schlaf zu finden:

Hab keine Schlaferwartung

Wenn du wach wirst, dann grüble nicht über die Folgen für den nächsten Tag. Meine frühere Lateinlehrerin Frau Fiege hat einmal im Unterricht gesagt, wenn wir nachts nicht schlafen könnten, sollten wir einfach ruhen und diese Mattigkeit genießen, das sei fast so erholsam wie schlafen. Seltsamerweise ist mir das seit dem Gymnasium im Kopf geblieben – übrigens mehr als der Lateinunterricht ... Schlafstörungen tangieren uns dann, wenn wir panisch werden. Deshalb lasst uns die schlaflose Zeit in Zukunft als Zeit für Besinnung annehmen oder, falls das nicht funktioniert, für wirksame Ablenkung sorgen (dazu kommen wir im nächsten Absatz). Verlass am nächsten Morgen zu gewohnter Zeit das Bett und geh in deinen normalen Tagesrhythmus über.

Nimm es hin

Wenn du nachts aufwachst, dann bemitleide dich nicht selbst ob dieser ätzenden Situation (I feel you, wirklich!), sondern werde aktiv. Bist du allein, dann mach das Licht an, löse Sudokus oder lies etwas. Das ermüdet und ist ein bewährtes Einschlafmittel. Du kannst auch beruhigende Musik anschalten, deinen Körper entspannen und lauschen. Am besten jedoch verlässt du dein Bett. Wenn dein Partner schläft, dann verlass auch den Raum, wir wollen niemanden um seinen Schlaf bringen. Schau eine Netflix-Serie, mach das Fenster auf und lausche auf die Geräusche der Nacht, dreh eine kleine Runde, mach dir einen Tee, übe progressive Muskelentspannung oder autogenes Training. Am besten isst und arbeitest du aber nicht. Ersteres ist schlecht, weil dein Verdauungssystem dann zu ackern beginnt, was einen geruhsamen Schlaf stört, und Zweiteres ist suboptimal, weil dein Gehirn damit auf Hochtouren kommt. Du darfst erst zurück, wenn du wirklich müde wirst. Liegst du wieder im Bett und wälzt dich, raus da! Dieses Vorgehen kann sich leider mehrmals wiederholen, bis es klappt.

Schlaf auf Knopfdruck?

Es gibt einige Leute, die das können, und diese Personen bewundere ich zutiefst. Sie können schlafen, sobald sie sich nur irgendwo hinsetzen. Flugzeug, Zug, Wartezimmer – alles kein Problem. Beachtlich! Für die meisten von uns gilt jedoch, dass wir eine gewisse Zeit brauchen, um abzuschalten. Deshalb ist die Redensart »Den Tag ausklingen lassen« sehr zutreffend. Ausklingen bedeutet, dass wir alles, was uns seelisch oder körperlich anstrengt, vermeiden, da wir so nur innerlich erregt werden und schlechter einschlafen.

Doch viele von uns arbeiten bis spätabends, essen erst gegen 22 Uhr, schnacken noch kurz mit ihren Liebsten, schalten die Polit-Talkshows am Abend ein und versuchen auf Teufel komm raus, noch etwas Feierabendfeeling zu erzeugen. Auf Dauer ist diese Lebensweise Raubbau am eigenen Körper. Wie soll man bei dieser Reizüberflutung denn gut einschlafen und frisch aufwachen? Hier erkennt ein Blinder mit Krückstock, dass ein enormes Entspannungsdefizit vorherrscht.

Verbanne Uhr und Handy vom Nachttisch

Wenn du einen Wecker brauchst, dann solltest du ihn weder ticken hören noch die Zeitanzeige sehen – klingeln darf das Teil selbstverständlich ... Wenn mein Schlaf gestört ist, greife ich viel zu oft zum Handy neben dem Bett, schaue auf die Uhr und bin sofort genervt, weil ich mir ausrechne, dass ich jetzt nur noch soundsolang schlafen kann. Das ist so ziemlich das Gegenteil von Entspannung und absolut kontraproduktiv.

Schlafzeiten sind (fast) egal

Es ist piepegal, ob du fünf, sieben oder zwölf Stunden schläfst. Will dein Organismus aufstehen, dann steh auf. Vorschlafen bringt nix. Wenn du tagsüber ab und zu ein Nickerchen hältst, dann sei dir bewusst, dass diese deine Nachtschlafzeit verringern. Schlafe ich mittags zwei Stunden, weil ich so erschöpft bin, dann werde ich in der darauffolgenden Nacht höchstwahrscheinlich kürzer schlummern. Ist dir das klar, dann liegst du nicht unruhig herum. Dein persönliches Schlafmaß bemisst sich daran, ob du ausgeruht und energiegeladen aufwachst. Das kann manchmal auch nach vier Stunden der Fall sein. Nur weil es draußen noch dunkel ist, bedeutet das nicht, dass du liegen bleiben und dich herumwälzen musst, obwohl du im Grunde schon fit bist. Im Urlaub behalte ich übrigens meinen Schlafrhythmus bei. Warum sollte ich etwas ändern, das im Grunde funktioniert? Nur weil Urlaub ist, heißt das für mich nicht, dass ich mir die Nächte um die Ohren schlagen muss. Ganz im Gegenteil. Ich genieße gerade an fremden Orten meine Energie in der Früh. Ich setze mich raus oder gehe spazieren und lasse die Magie des Morgens auf mich wirken. Ich liebe es!

Aktiv sein!

Sei tagsüber aktiv, gehe Strecken zu Fuß, mach Sport, praktiziere Meditation und Yoga, was dir eben Spaß macht und zu deinem Lebensstil passt. Körperliche Aktivität löst nicht nur Spannungszustände im Körper, sondern ist auch angstlösend. Darüber hinaus fördert sie den Schlaf. Am späten Abend solltest du jedoch entspannen, etwa vier bis sechs Stunden sollten zwischen Aktivität und dem Zubettgehen liegen, damit dein Körper ausreichend Zeit hat, herunterzufahren.

Akzeptiere dein Morgentief

Direkt nach dem Aufwachen gut gelaunt und voller Energie zu sein, das schaffen die wenigsten. Aber ich verrate euch was: Ich gehöre dazu. Ich gehöre zu diesen auserwählten Menschen, die dich um sechs Uhr morgens mit strahlendem Lächeln und einem lustigen Spruch empfangen – und die du am liebsten gegen die Wand klatschen möchtest. Gönn mir diesen einen Triumph in Sachen Schlaf! Für die Morgenmuffel gilt: Lieg eine Weile wach, recke und strecke dich, dann langsam aufrichten, bloß keine Hektik – deshalb bitte nicht zu lange snoozen. In meiner Mayr-Kur (s. Küchenkapitel!) habe ich das Trockenbürsten gelernt, bei dem du deinen

Körper mit einer weichen Bürste in kreisenden Bewegungen hinauf zum Herzen aktivierst und anschließend eine Wechseldusche startest. Immer kalt abschließen und das Gesicht nicht vergessen. Das kostet einiges an Überwindung, gibt dir aber unglaublich viel Energie – dein Kreislauf wird dich für die morgendliche Wechseldusche lieben. Ist dir der ganze Körper zu viel, dann fang einfach mit den Beinen an, das bringt auch schon etwas.

Dein Bett ist das wichtigste Möbelstück

Es sorgt für unsere Regeneration, und wir überlassen ihm unsere seelisch-körperliche Verfassung. Deshalb ist es ganz wichtig, dass ihr euch das Bett so gestaltet, wie es für euren Körper optimal ist. Ich liege auf einer Matratze mit sogenanntem Memoryschaum, der sich meinem Körper anpasst, ich habe ein spezielles Nackenstützkissen und auch ein Kräuterkissen. Noch ist mein Bett nicht ganz optimal, aber ich arbeite an Verbesserungen. Irgendwann besitze ich das Nonplusultrabett, und dann lade ich euch zu einer Schlafparty ein – es wird ein grooooooßes Bett ...

Bitte Ruhe!

Lärm ist ein mieser, heimtückischer Schlafstörer. Ich leide so sehr unter Lärm! In Berlin ist das für mich ein großes Problem. Ich wohne im Altbau und höre meine Nachbarin über mir telefonieren, gleichzeitig den Hobby-DJ (in Berlin ist ja grundsätzlich jeder DJ ...) unter mir die Bässe aufdrehen, und durch die Wand zum Nebenhaus höre ich meine Nachbarin lautstark das zehnte Tinderdate diesen Monat begrüßen – es sei ihr gegönnt. Ich wünschte nur, es käme nicht alles immer dann zusammen, wenn ich todmüde bin. Wir verdrängen gern, dass Lärm uns belastet, weil wir ja doch nichts dagegen tun können. Dabei setzt Lärm uns mehr zu, als die meisten von uns zugeben. Jeder hat ein anderes Verständnis von Lärm. Während der eine beim kleinsten Geräusch ausrasten könnte, verträgt die andere sogar den Baulärm vor der Tür. Ich selbst entwickle bei Lärm auf Dauer wirklich einen Leidensdruck, der von vielen nicht ernst genommen wird. Geräusche werden von jedem unterschiedlich wahrgenommen, so auch störende Geräusche. Deshalb sollten wir es nicht als Empfindlichkeit bei anderen abtun. Die Art des Geräusches und auch die Situation, in der wir es wahrnehmen, unsere Einstellung zu dem Geräusch und seinem Erzeuger, unsere innere Prägung und auch unsere momentane Gefühlslage legen fest, wie empfindlich wir auf Geräusche reagieren. Gegen Lärm in deiner Wohnung helfen beispielsweise Filzgleiter für Möbel (bei glattem Fußboden), Puffer für Schubladen und Schranktüren, Türstopper, Schallschutzfenster und lärmmindernde Unterlagen für vibrierende Geräte, beispielsweise die Waschmaschine oder den Entsafter. Verlagert, wenn möglich, euer Schlafzimmer in das ruhigste Zimmer, es ist der meist genutzte Raum eurer Wohnung und der mit der sinnvollsten Funktion für euren Organismus – na gut, wir wollen die Küche und auch die Toilette nicht außen vor lassen, die brauchen wir auch für unsere Gesundheit. Nichtsdestotrotz verbringen wir die meisten Stunden im Schlafzimmer. Wenn es euch möglich ist, tragt einen Gehörschutz, falls ihr damit klarkommt (funktioniert bei mir leider nicht).

Frischluftfanatiker

Meine Mama hat, seit ich klein war, immer das Fenster aufgerissen. Ich war kein Frischluftfanatiker und habe es geschlossen, sobald sie mir Gute Nacht gesagt hatte. Am nächsten Morgen kam sie rein, schimpfte über die schlechte Luft und riss es wieder auf – egal ob Sommer oder Winter. Damals habe ich mir vorgenommen, rein aus Trotz, in meiner eigenen Wohnung nur mit geschlossenem Fenster zu schlafen. Oh, wie falsch ich lag, ich dummes Kind!

Ich liebe frische Luft, und ich liebe ein kühles Schlafzimmer. Im Sommer quäle ich mich oft beim Schlafen. Die optimale Raumtemperatur liegt bei etwa 16 Grad, und kühler ist besser als zu warm. Denkt hier auch an Bettzeug, das dem Raumklima optimal zuspielt. Die einen Stoffe wärmen eher, die anderen haben kühlende Eigenschaften – mehr dazu später.

Abendlicher Genuss

Ein paar Worte zum abendlichen Genuss: »Iss abends wie ein Bettelmann« stimmt, weil wir das Verdauungssystem nicht unnötig belasten wollen. Also keine großen Mahlzeiten, nicht zu fett und nicht zu scharf. Auch Koffein, Alkohol und Nikotin sollten wir eher meiden. Alkohol lässt dich zwar müde werden und auch einschlafen, der Schlaf an sich ist jedoch unruhig. Nikotin ist überhaupt nicht schlaffördernd, selbst wenn Rauchen zu deinem Entspannungsritual gehört.

Raum für Ruhe

Ich mag möglichst leere Schlafzimmer. Bei mir gibt's nur ein Bett, einen Nachttisch und eine Kommode, dazu einige Pflanzen und ein paar Bilder. Selbst den Kleiderschrank habe ich ausgelagert. Was für mich gar nicht geht, wäre mein Schreibtisch im Schlafzimmer, der würde mich ständig daran erinnern, was noch alles zu tun ist.

Keine Angst vorm Schlafen!

Wer nachts schweißgebadet aufwacht, unruhig ist und tagsüber geplättet, bei dem ist es nicht verwunderlich, dass ihn abends ein ungutes Gefühl beschleicht, wenn es ums Einschlafen geht. In diesem Kapitel möchte ich versuchen, euch die Angst vor der Nacht zu nehmen.

Wenn wir schlafen, treten ganz natürliche vegetative Funktionsabläufe auf, wie unser Puls, der Blutdruck, Darmtätigkeit, aber auch das Zucken beim Einschlafen, Plappern, Schnarchen und nächtliche Körperbewegungen gehören dazu. All das ist harmlos – außer in Einzelfällen, die wir aber jetzt erst mal außen vor lassen. Unsere Atmung wird langsamer und flacher, wenn wir schlummern. Erleben wir allerdings lebhafte Träume, kann sich diese verändern, wir schnaufen, seufzen oder halten eventuell sogar die Luft an. Auch unser Puls und Blutdruck fahren herunter, unsere Muskeln entspannen sich, die Körpertemperatur verändert sich und noch einiges mehr – unser Körper ist ein großes Wunderwerk, das im Schlaf unglaublich viel Arbeit verrichtet. Wenn wir uns im Schlaf bewegen, dient das übrigens der Erholung, wir fühlen uns entspannt und fit. Es ist völlig normal, dass wir etwa 30 bis 80 Mal unsere Schlafposition verändern. Wir wachen nachts auch häufiger auf, als wir denken, wir erinnern uns nur einfach nicht mehr daran.

Klarträume und Alpträume

Wäre es nicht toll, wenn wir in unseren Träumen Regie führen könnten? Das geht! Luzide Träumer oder auch Klarträumer können ihre Träume bewusst lenken und Dinge erleben, die im realen Leben nicht möglich sind. Das hilft dabei, unsere momentane Situation zu verstehen, unser Unterbewusstsein von schlimmen Gedanken zu reinigen und unser Leben zu ordnen. Übrigens hat eine Studie der Traumforscher Tadas Stumbrys, Daniel Erlacher und Peter Malinowski (2015) einen Zusammenhang zwischen Meditation und der Häufigkeit von luziden Träumen feststellen können. Kein Wunder also, dass luzide Träume im Buddhismus seit Jahrhunderten zum Einsatz kommen.

Ein Klartraum ist ein Traum, in dem der Träumende völlige Klarheit darüber besitzt, dass er träumt, und nach eigenem Entschluss handeln kann. Die Klartraumforschung hat bewiesen, dass manche Menschen luzide Träume bewusst hervorrufen können. Diese treten vor allem in der REM-Phase auf. Diese Phase nimmt ungefähr 25 bis 30 Prozent der Schlafdauer bei Erwachsenen ein. Bei einer guten Mütze Schlaf von acht Stunden wären das immerhin bis zu zwei Stunden, in denen vermehrt geträumt wird und in denen ihr euch in die unterschiedlichsten Welten beamen könnt.

Für mich sind Klarträume ein pures Vergnügen, wenn ich sie irgendwie lenken kann. Sie helfen bei der Selbsterkenntnis und auch gegen Alpträume. Ich habe einige Klarträume, die in meinem Leben immer wieder auftreten. Ein Traum, den ich liebe, obwohl er total absurd ist, ist das verrückte Haus. Ich träume immer wieder von einem total skurrilen Haus, das ungewöhnlich geschnittene Zimmer besitzt, Treppenhäuser, bei denen die Erbauer von Hogwarts oder M. C. Escher neidisch werden würden, und einen Garten, bei dem es einem den Atem verschlägt. Obwohl das Haus sich von Traum zu Traum verändert, ist das Gefühl, das ich in meinen Träumen darin habe, immer gleich: Es strotzt hier nur so vor Kreativität und Abenteuer. Die Menschen, die mir dort begegnen, kenne ich alle, sie spielen oder spielten in meinem Leben eine Rolle. In diesem Haus kann auch plötzlich jemand auftauchen, den ich fast schon vergessen hatte. Es ist mein Crazy-Community-Haus, die Stimmung ist immer positiv, und hinter jeder Ecke und in jedem Zimmer erwarten mich neue Erkenntnisse. Ich liebe dieses Haus und kann es kaum erwarten, bald wieder dort einzutreten.

Fliegen ist übrigens auch so eine Sache, die mir immer wieder Spaß macht. Ihr glaubt nicht, wohin ich schon überall geflogen bin. Seit ich ein kleiner Stops war, fliege ich nachts zu den unterschiedlichsten Orten, ich hebe mitten auf der Straße ab, indem ich tatsächlich mit den Armen wedle, und dann fliege ich über dichte Tannenwälder, über Meere oder einfach über Berlin.

Fliegen ist natürlich anstrengend, und hier ist voller Einsatz gefragt. Sportlicher Einsatz. Und wo wir von Sport sprechen, da kommen wir auch zum Klartraum. Der wird nämlich tatsächlich im Profi-Sport eingesetzt. Während eines Klartraums können bewegliche Abläufe trainiert werden, sodass der Körper auf die tatsächlichen Bewegungen vorbereitet wird. Im realen Leben können die Sportler auf die Traumwiederholungen zurückgreifen und somit ihre Bewegungsabläufe verbessern. Egal ob Profi-Sportler oder nicht, theoretisch kann jeder Träumende bestimmte Abläufe im Klartraum trainieren, um sich zu verbessern.

Wenn wir träumen, dann holen uns aber auch oftmals unsere momentanen Probleme ein. Das Unterbewusstsein meldet sich mit unseren seelischen Lasten. Auch diese Träume erlebe ich durchaus lebensnah, und oft verfolgen sie mich noch im Wachzustand durch den Tag. Damit ich mich hier von negativen Einflüssen reinige, sehe ich schlimme Träume als therapeutisches Werkzeug, hinterfrage die

Handlung oder schreibe mir Dinge auf. Wer luzides Träumen wirklich beherrscht, kann übrigens auch hier eingreifen und beispielsweise die Figuren im Traum nach ihrer Bedeutung oder nach dem Sinn des Traumes befragen.

Meist finden wir über Alpträume den Weg zu luziden Träumen. Diese Träume sind so realistisch, dass sie uns in eine sogenannte Schlafparalyse versetzen können. Ich hatte einen Autounfall und schreckte monatelang nach Frontalzusammenstößen auf der Autobahn hoch. Das war eine furchtbare Zeit. Hier hilft es, sich vor dem Einschlafen zu sagen: Es ist nur ein Traum, es wird mir nichts passieren. Auf diese Art kann man sich während des Alptraums dessen bewusst werden. Die Angst lässt nach, und irgendwann konnte ich den Unfall im Traum sogar verhindern. Heute ist dieser Alptraum längst passé.

Jeder Mensch kann übrigens lernen, wie er in Träume eingreift. Luzide Träume sind für uns alle erlebbar. Mit den folgenden Techniken könnt ihr luzides Träumen erlernen.

1. MILD-Technik (Mnemonic Induced Lucid Dreams)
Grundlage dieser Technik sind Gedächtnisstützen, die unser Unterbewusstsein darauf programmieren, sich auf einen luziden Traum vorzubereiten. Dafür sagst du dir immer wieder vor dem Einschlafen, dass du diese Nacht merken wirst, sobald du träumst. Das funktioniert übrigens auch, wenn du dich an Träume erinnern willst. Sage dir jeden Abend, dass du dich erinnern möchtest. Erinnere dich jeden Morgen an deine Träume und schreibe sie auf. Es funktioniert!

2. DILD-Technik (Dream-Initiated Lucid Dreams)
Manchmal wabere ich in einem Zustand von Wachsein und Träumen und bin mir nicht sicher, ob das, was ich gerade er-

lebe, echt ist. In diesen Momenten könnt ihr euch eine kritische Haltung antrainieren. Dann seid ihr nämlich dazu in der Lage, einen Traum als solchen zu identifizieren und einzugreifen. Im Traum werdet ihr klar. Kennt ihr die Situation, wenn euch eure Blase aus einem tollen Traum weckt und ihr schnell aufs Klo torkelt, den Traum aber die ganze Zeit bei euch behaltet und zurück im Bett wieder in die Handlung eintaucht? Das sind Momente, in denen ich es schaffe, meine Träume zu steuern, und ich liebe diese Nächte! Träumt ihr nicht viel? Dann übt mal mit Technik Numero 1!

3. WILD-Technik (Wake-Initiated Lucid Dream)
Diese Technik ist nichts für Anfänger, jedoch ein Träumchen für die luziden Träumer. Versucht, während des Einschlafens an nichts anderes als an euren bewussten Traum zu denken. Hier startet ihr im Klarheitszustand direkt in den luziden Traum durch.

Traumtagebuch führen

Traumtagebücher sind toll. Es ist spannend, sich mit unserem Unterbewusstsein und unseren Traumwelten zu beschäftigen, es ist kreativ und kann uns zu neuen Erkenntnissen führen. Ich habe mit Mitte 20 einen 400-seitigen Jugendroman geschrieben, dessen Anfang ich tatsächlich geträumt habe. Ich bin eines Morgens aufgewacht, habe mich sofort an den Schreibtisch gesetzt und drei Stunden lang geschrieben – ein ganz wunderbares Erlebnis. Ein Traumtagebuch hilft uns nicht nur dabei, kreativ zu sein, es ist auch ganz großartig, um zu lernen, was wir im Traum verarbeiten und was uns wirklich beschäftigt. Tagsüber können wir unser Unterbewusstsein super ausschalten, aber nachts klopft es gern an und erinnert uns daran, dass wir dringend an der ein oder anderen Stelle in unserem Leben mal wieder etwas Hygiene betreiben sollten ... Das Tagebuch dient zu guter Letzt auch dazu, Alpträume, die uns belasten, einordnen zu können oder gar aufzulösen. Alpträume löst ihr dadurch auf, dass ihr euch mit der Handlung im Wachzustand beschäftigt und ein neues Ende für sie findet. Träume ich also ständig, dass Kater Willi vom Balkon aus dem vierten Stock herunterfällt, und schrecke schweißüberströmt auf, so überlege ich mir im Wachzustand vielleicht, dass direkt hinter dem Balkon ein Trampolin ist, das ihn wohlbehalten ins Wohnzimmer zurückbefördert. Ändere nicht zu viel an deinem Traum ab, damit es funktioniert.

Nehmt euch einige Wochen Zeit und testet das Traumtagebuch aus. Schreibt morgens nach dem Aufstehen direkt auf, was ihr in der Nacht erlebt habt. Das muss kein Roman sein, Stichpunkte reichen vollkommen aus. Mein Morgen ist manchmal sowieso derart chaotisch, dass gerade einmal Zeit für einige Worte bleibt. Ihr werdet jedoch feststellen, dass ihr euch mit dem Tagebuchschreiben häufiger an eure nächtlichen Ausflüge erinnern werdet. Lasst nach dem Aufwachen eure Augen noch einen Moment lang geschlossen, das hilft dabei, die Erinnerung zu schärfen. Nach dem ersten Kaffee ist der Traum verschwunden, deshalb ist das Aufschreiben das Erste, was ihr tut, sobald die Äuglein aufgehen. Tagebuch und Stift liegen bestenfalls direkt neben eurem Bett, damit ihr sofort loslegen könnt. Stell dir deinen Wecker für das Projekt Traumtagebuch 15 Minuten früher und lass dich in dieser Zeit nicht vom Radio wecken, weil das Gedudel deine Erinnerungen im wahrsten Sinne des Wortes wegdudelt. Nimm besser einen dieser nervigen, neutralen Wecktöne. Die sind nicht schön, ich weiß, aber im Sinne des Schreibprozesses sehr geeignet! Snoozen gilt nicht!

Falls dir morgens kein Traum im Kopf mehr herumspukt, dann schreibe einfach auf, wie du dich gerade fühlst. Manchmal weckt das noch einmal eine Erinnerung an deinen Traum.

Wenn du eine Zeitlang konsequent schreibst, dann bist du dazu in der Lage, Muster und Traumsymbole zu erkennen. Auch deine unbewussten psychologischen Prozesse wirst du dadurch leichter verstehen. Für viele Traumdeutungen musst du nicht Sigmund Freud sein, um zu verstehen, was passiert ist. Habe ich mich mit meiner besten Freundin gestritten, und nachts sucht sie mich im Traum heim, dann liegt klar auf der Hand, dass ich das gerade verarbeite. Kann ich jedoch mit der Handlung und den Protagonisten erst einmal nichts anfangen, dann notiere ich in einer anderen Farbe meine Interpretationen. Wichtig ist, erst die Handlung aufzuschreiben und sich dann mit der Deutung zu beschäftigen.

Folgende Fragen helfen dir mit deinem Traumtagebuch:
- Wo hat die Traumhandlung stattgefunden?
- Wer kam im Traum vor?
- Was ist passiert?
- Wie hast du dich dabei gefühlt?
- Welchen Titel erhält dein Traum?

Happy Dreaming!

Kreatives Schlafzimmer

Schlafen ist mit die wichtigste Funktion unseres Körpers. Hier tanken wir nicht nur Kraft, sondern auch eine Menge Kreativität. Das Schlafzimmer wird bei vielen (Ähem, ich rede unter anderem von mir ...) oft sehr stiefmütterlich behandelt. Da liegen Klamottenberge auf dem Boden, weil sie nicht mehr auf den einen Stuhl im Eck passen, die Staubmäuse konkurrieren mit meinen beiden Katern Willi und Flip um den Status des beliebtesten Haustiers, und neben meinem Bett befindet sich eine Mehrwegflaschen-Annahmestelle. Schluss damit!

Ich verpasse meinem Schlafzimmer immer wieder gern ein kreatives Redesign und wünsche mir, dass ich die neue Ordnung beibehalte. Das klappt von Mal zu Mal auch viel besser.

Der Boden ist Lava

Kennt ihr das Spiel noch von früher? Du darfst den Boden nicht berühren, sonst verbrennst du. In diesem Falle gilt das für allen Krimskrams, der sich bei mir rund ums Bett ansammelt. Das Sammelsurium aus Büchern, Kosmetik, Wärmflaschen und Co. wird im Bettkasten verstaut und der Dreckwäscheberg abgetragen! Klamotten, die sich auf dem Stuhl türmen und die ich noch mal anziehen will, werden in den Schrank zurückgehängt. Ein aufgeräumter Boden gibt doch schon mal ein gutes Gefühl von Reinheit.

Kleine Reize für die Sinne

Das Schlafzimmer sollte möglichst clean und frei von Chaos sein, damit dein Geist nicht zu sehr abgelenkt wird. Es ist ein Ort der Ruhe und Entspannung und sollte es auch bleiben. Dennoch brauche ich in meinem Umfeld ästhetische Dinge, und wer mich kennt, der weiß, dass ich es etwas bunter mag. In meinem Regal befinden sich nur wenige Bücher, die ich in nächster Zeit lesen möchte (wir haben eine größere Bibliothek im Gästezimmer), dazu Bildbände und kreatives Chichi. Liebste Deko-Gegenstände momentan sind mein handbemalter Porzellankater, eine Vase mit Trockenblumen und ein Bild von einem Berliner Street-Art-Künstler.

Anregungen fürs Hirn

Wie eingangs schon erwähnt, greife ich zu oft nach meinem Smartphone, scrolle sinnlos durch irgendwelche Feeds oder spiele Handygames (I love it!!!). Um zur Ruhe zu kommen, eignen sich allerdings andere Dinge besser. Beispielsweise analoges Spielen. Deshalb befinden sich in meinem Nachtschrank immer ein Sudoku- und ein Logikrätsel-Heft, ein Notizbuch (man weiß nie, was einem nachts so einfällt) und mindestens ein Buch. Ich finde, man sollte grundsätzlich mehr ungelesene als gelesene Bücher besitzen, dann hat man immer eine Auswahl!

Speedy Wellness-Bettroutine

Früher, ja früher, da hatte ich einen richtigen Wellness-Plan. Was hatte ich als Schülerin Zeit – in meinem Kalender standen solche Sachen wie Tonerde-Maske am Dienstag oder Körperpeeling jeden Donnerstag. Heute steht in meinem Kalender »Ostheopath«, weil ich Rücken habe.

Bei mir muss es schnell und unkompliziert gehen. Momentan besteht mein Beauty-Quickie aus einem Lavendel-Gesichtsöl (der Duft beruhigt), einem richtig genialen Lippenbalsam und reichhaltiger Handcreme.

Luftreinigende Pflanzen

Gute Luft, guter Schlaf! Grünzeug in der Wohnung sieht nicht nur hübsch aus, es kann außerdem das Raumklima verbessern. Luftreinigende Pflanzen filtern Schadstoffe und lassen dich freier atmen.

Wir verbringen (vor allem im Winter) einen Großteil unseres Lebens in geschlossen Räumen. Wenn man wie ich mitten im Berliner Kiez wohnt, wo die Luft draußen ganz schön schadstoffbelastet ist, dann will ich es drinnen wenigstens rein haben. Seit einigen Jahren wird mein Daumen grüner und grüner. Ich, die ich es früher geschafft habe, sogar einen Kaktus eingehen zu lassen, habe auf einmal einen kleinen Großstadtdschungel. Weil meine grünen Mitbewohner mehr können, als nur Dekoration zu sein, habe ich mich damit beschäftigt, was eigentlich luftreinigende Pflanzen sind. Alles, was unsere Flora so hergibt, ist sowieso durch die Photosynthese luftverbessernd. Trotzdem gibt es einige

Kandidaten, die in der Hinsicht noch mehr draufhaben als ihre Kollegen.

Wodurch wird unsere Luft eigentlich innerhalb der Wohnung beeinträchtigt? Möbel, Teppiche und alle möglichen Heimtextilien können die Raumluft mit Chemikalien, Schimmelsporen und Allergenen belasten, aber auch Farben sowie Reinigungsmittel oder Elektrogeräte beeinflussen unser Raumklima. Ist die Raumluft auf Dauer schlecht, leidet unser Wohlbefinden. Wir werden müde, schlapp, unkonzentriert. Unsere Augen und das Atemsystem können gereizt sein, was wiederum zu Kopfschmerz, Schwindel und anderen Beschwerden führt. Das braucht kein Mensch. Deshalb: Go green!

Na, wer hat in der Schule aufgepasst und kann mir noch einmal die Photosynthese erklären? Sie ist uns allen ein Begriff, so ganz genau erinnern wir uns aber nicht ... Okay, ich helfe nach: Pflanzen wandeln über das Chlorophyll in ihren Blättern mit Hilfe von Sonnenlicht Kohlendioxid unter anderem in Sauerstoff um. Außerdem sorgen Zimmerpflanzen für eine natürliche Luftfeuchtigkeit, denn mehr als 90 Prozent des Gießwassers wird an die Umgebung abgegeben. Noch ein Bonus: Diese Luftfeuchtigkeit erfolgt komplett keimfrei. Eure Schleimhäute werden es euch danken, vor allem im Winter, wenn wir die Heizungen aufdrehen. Im Sommer kühlen die Pflanzen hingegen eure Wohnung.

In der Clean-Air-Study der Nasa wurde das Ganze bewiesen: Luftreinigende Pflanzen unterstützen ein sauberes Raumklima. Sie produzieren Sauerstoff, wandeln Kohlendioxid um und verringern die Konzentration von Schadgasen in geschlossenen Räumen. Das funktioniert auf verschiedene Weisen:

Bei Methode 1 werden über die Spaltöffnungen an der

Blattunterseite tagsüber Schadstoffe aufgenommen und in die Wurzeln transportiert. Dort werden die Schadstoffe abgebaut und in die Erde abgegeben, wo sie den Mikroorganismen und Bakterien als Nahrung dienen. Nachts sind die Öffnungen zum Schutz der Pflanze geschlossen.

Methode 2 funktioniert, indem die Haarwurzeln einer Pflanze Enzyme bilden, die zur Spaltung von Schadstoffen dienen. Bausteine wie Glukose und Aminosäuren entstehen, welche die Pflanze dann als Nährstoffe nutzt. Diese Filterung funktioniert tagsüber und auch nachts.

Wenn ihr eure Luft nachhaltig verbessern wollt, dann solltet ihr pro neun Quadratmeter mindestens eine mittelgroße Pflanze aufstellen. Je größer die Blattfläche einer Pflanze ist, desto mehr Schadstoffe kann sie filtern. Lüftet bitte regelmäßig, damit sich die Luftfeuchtigkeit regulieren kann und sich kein Schimmel bildet. Schimmel im Topf kann ein Anzeichen für eine zu hohe Luftfeuchtigkeit sein.

Welche Pflanze ist dein Favorit?

Jetzt wisst ihr alles über saubere Luft mittels Pflanzendeko und könnt euch finally eure Favoriten aussuchen. Wichtig: Nahezu alle sind giftig oder nicht empfehlenswert für Katzen. Mein Glück ist, dass Willi und Flip tatsächlich nur an unsere ungiftigen Mitbewohner gehen, aber passt da unbedingt auf, und informiert euch ausführlich!

Bogenhanf
Er hat selten Durst, obwohl er pralle Sonne mag. Kälte und zu nassen Boden verträgt er nicht.

Grünlilie

Sie wächst an fast jedem Standort, mag aber keine direkte Mittagssonne. Im Sommer mag sie es feucht, im Winter darf es etwas weniger Wasser sein.

Efeutute

Sie kommt mit wenig Licht zurecht, benötigt hin und wieder eine sanfte Dusche aus der Sprühflasche und will regelmäßig gegossen werden.

Einblatt

Das Einblatt eignet sich gut für halbschattige Plätze, direkte Sonne mag es nicht, dafür hohe Luftfeuchtigkeit. Der perfekte Kandidat fürs Bad – mein Einblatt muss ich dort fast nie gießen.

Drachenbaum

Er braucht einen hellen, aber nicht zu sonnigen Standort. Regelmäßig, aber sparsam gießen.

Ficus

Genau wie beim Drachenbaum. Wenn ihr den Ficus zu sehr gießt, verliert er seine Blätter.

Chrysantheme

Sie sonnt sich gern und will daher auch regelmäßig trinken.

Efeu

Der Efeu gedeiht mit wenig Wasser an hellen Plätzen ohne direkte Sonneneinstrahlung.

Aloe Vera

Im Grunde ist Aloe Vera sehr anspruchslos – ein warmer Standort mit viel Licht und wenig Feuchtigkeit reicht aus. Überlebensdauer bei uns zu Hause = null, da Kater Willi eine Aloe sofort auseinandernimmt. Scheinbar mag er den Geruch.

Baumfreund

Er fühlt sich an einem hellen bis halbschattigen Standort wohl. Regelmäßig wässern.

So reinigst du dein Schlafzimmer

Nun bist du vorbereitet für die geruhsame Nacht. Für die perfekte Entspannung sorgt ein sauberes Schlafzimmer, und darum kümmern wir uns jetzt.

Decken und Kissen

Euer Bettzeug mag eine regelmäßige Belüftung, deshalb einfach nach dem Aufstehen die Bettdecke aufschütteln. Das Bettzeug wird ein- bis zweimal jährlich gereinigt, weil unsere Körperflüssigkeiten und Hautschuppen den perfekten Nährboden für Milben und Bakterien schaffen. Wir schlafen also niemals alleine ... Ob ihr das tröstlich findet, dürft ihr selbst entscheiden.

Bei der Reinigung von Kopfkissen und Decke kommt es ganz auf das Material an, viele lassen sich aber problemlos in der Waschmaschine zu Hause reinigen. Für das Bettzeug nehmt ihr ein mildes Fein- oder Wollwaschmittel, bitte keinen Weichspüler verwenden, dieser schadet der Füllung. Hohe Temperaturen sorgen für Sauberkeit, aber nicht jedes Material verträgt 60 Grad. Manche Kissen und Decken dürfen auch in den Trockner, das verrät euch das Etikett. Beim Trockenvorgang gebt ihr am besten zwei farblose Tennisbälle dazu, diese lockern das Material schön auf.

Sehr große Decken finden in handelsüblichen Waschmaschinen nicht genug Platz, diese könnt ihr entweder in die Reinigung geben oder in der Badewanne mit warmem Wasser und reichlich Shampoo einweichen.

Daunen & Federn
Bettzeug aus Daunen und Federn könnt ihr meist problemlos bei 60 Grad waschen. Für ein optimales Ergebnis verwendet ihr am besten ein Daunenwaschmittel oder ein sehr mildes Waschmittel. Überprüft vor dem Waschen, dass nirgendwo ein Riss oder Loch vorhanden ist, sofern ihr keine böse Überraschung in eurer Maschine erleben wollt.

Lyocell/Tencel
Diese Kunstfasern könnt ihr bei niedrigen Temperaturen um die 40 Grad waschen. Meistens sind sie nicht für den Trockner geeignet, beachtet hier den Pflegehinweis.

Mikrofaser
Synthetische Stoffe sind anspruchslos und können bei 60 Grad im Schonwaschgang gewaschen werden. Ein schonendes Trocknen ist hier auch ohne Weiteres möglich.

Tierhaar

Tierhaar wie Kaschmir oder Kamelflaumhaar nimmt kaum Schmutz an. Reinigen könnt ihr Tierhaar nicht in der Waschmaschine, das muss in die Reinigung. Wenn ihr die feinen Fasern nur auffrischen wollt, dann könnt ihr das Bettzeug bei geringer Temperatur in den Wäschetrockner und einen befeuchteten Waschlappen hinzugeben. Anschließend lasst ihr es an der Luft trocknen.

Seide

Seide ist nicht waschbar, allerdings setzt beispielsweise Tussahseide auch kaum Schmutz an. Seide hat den großen Vorteil, dass Pilze und Hausstaubmilben sich in ihr gar nicht wohl fühlen. Bettdecken, die aus einem Seide-Baumwollgemisch bestehen, sind oft bei 30 bis 40 Grad mit einem milden Waschmittel waschbar. Lest unbedingt das Pflegeetikett, damit ihr damit richtig umgeht, es wäre schade um den edlen Stoff. Reine Seide könnt ihr bei Bedarf in die Reinigung bringen.

Bettwäsche

Alle zwei Wochen solltet ihr optimalerweise eure Bettwäsche wechseln und bei 40 bis 60 Grad waschen, damit Bakterien und Milben abgetötet werden – achtet dazu unbedingt auf das Pflegeetikett. Bettwäsche haben wir oft jahrelang, deshalb empfiehlt es sich, die Etiketten hier nicht herauszuschneiden, damit ihr immer die richtigen Pflegehinweise bekommt.

Wenn ihr die Bettwäsche zum Waschen abzieht, dann am besten nicht schütteln, sondern direkt in die Maschine stopfen, damit Milben keine Chance haben, sich in eurem Schlafzimmer zu verteilen.

Stoffe für Bettwäsche gibt es viele, die je nach Jahreszeit mal mehr und mal weniger geeignet sind.

Bettwäsche für den Sommer

Renforcé-Bettwäsche
Renforcé ist eine Standardwebart für Baumwollstoffe, es ist ein mittelfeines und sehr strapazierfähiges Gewebe mit glatter Oberfläche. Es ist angenehm weich und kann Feuchtigkeit gut aufnehmen. Auch für Allergiker ist Renforcé geeignet.

Perkal-Bettwäsche
Perkal ist ein langlebiger, fester Stoff mit glatter Oberfläche. Der Name Perkal kommt aus dem Persischen, von »pargalah«, was auf Deutsch Tuch bedeutet. Ein Gewebe in Perkal besteht immer aus mindestens 200 Fäden. Der Stoff ist atmungsaktiv und durch die Verwendung von Baumwolle besonders hautfreundlich.

Leinen-Bettwäsche
Leinen kühlt im Sommer. Der Stoff wird aus den Fasern der Flachspflanze gewonnen und ist qualitativ sehr hochwertig. Das Material ist bakterienhemmend und damit optimal fürs Bett, es ist darüber hinaus von Natur aus antistatisch und saugfähig.

Linon-Bettwäsche

Linon klingt ein bisschen wie Leinen und sieht auch ähnlich aus, hat allerdings nichts damit zu tun. Leinen steht für die Naturfaser und das daraus hergestellte Gewebe, Linon bezeichnet nur eine bestimmte Webart. Der Name leitet sich jedoch tatsächlich von dem leinenartigen Aussehen des Stoffes ab. Linonstoff besteht zu 100 Prozent aus Baumwollfäden in der Leinwandbindung, er ist besonders strapazierfähig und daher als Kinderbettwäsche beliebt.

Mikrofaser-Bettwäsche

Mikrofaser ist der Oberbegriff für Stoffe wie Polyester, Nylon, Acryl oder Zellulose. Der Stoff ist seidig glänzend, pflegeleicht und muss kaum gebügelt werden. Das Material fusselt nicht und behält seine Form. Dazu eignet es sich auch für Allergiker, da sich Pollen oder Bakterien nicht im Gewebe festsetzen.

Bettwäsche für den Winter

Seersucker-Bettwäsche

Dieses Material erkennt ihr an dem Krepp-Effekt, es ist bügelfrei, weich und geschmeidig. Durch die spezielle Krepp-Struktur entsteht eine gute Luftzirkulation, daher ist die Bettwäsche besonders im Winter sehr angenehm.

Biber- & Flanell-Bettwäsche

Ich liebe Biber-Bettwäsche. Als meine Mama früher immer davon gesprochen hat, habe ich mir vorgestellt, dass ein kleiner Biber in meinem Bett schläft. Auch heute kuschle ich mich im Winter noch gern in den dicken, weichen und warmen Stoff, der atmungsaktiv und temperaturausgleichend ist.

Ganzjahres-Bettwäsche

Satin-Bettwäsche

Satin ist qualitativ sehr hochwertig und damit etwas teurer. Satin oder Mako-Satin besteht zu 100 Prozent aus Baumwolle und wird durch ein bestimmtes Webverfahren sehr anschmiegsam und weich. Das Material zeichnet sich durch seine seidig-glatte Oberfläche und eine matte Unterseite aus. Es ist atmungsaktiv und saugfähig, das sorgt vor allem im Sommer für ein angenehmes Schlafgefühl. Im Sommer kühlt der Stoff, im Winter wärmt er.

Seiden-Bettwäsche

Seide glänzt schön, schmiegt sich an und ist gut für Hausstauballergiker geeignet, Milben mögen es hier nicht. Auch bei Neurodermitis und anderen Hautproblemen ist Seide eine gute Wahl. Wie auch Satin wärmt sie uns im Winter und kühlt im Sommer. Seide ist eine aus den Kokons der Seidenraupe gewonnene Edelfaser. Die meisten dieser Raupen ernähren sich von den Blättern des Maulbeerbaumes, weshalb auch oft von Maulbeerseide gesprochen wird.

Jersey-Bettwäsche

Jersey ist elastisch und weich. Bügeln müsst ihr es nicht, Jersey ist super pflegeleicht. Das Material besitzt eine hohe Saugfähigkeit und ist daher für den Sommer geeignet, allerdings kann Jersey auch im Winter gut eingesetzt werden, da der Stoff klimaregulierend ist.

Frottee-Bettwäsche

Frottee besteht zu einem Großteil aus Baumwolle, wird aber um einen Mikrofaser-Anteil ergänzt. Diese Kombination lässt die Bettwäsche schnell trocknen, sie ist saugfähig und atmungsaktiv. Frottee ist perfekt für Menschen, die im Schlaf viel schwitzen.

Bett machen

Es gibt wenig Schöneres, als abends zu baden und sich danach in ein frisch bezogenes Bett zu legen, in dem optimalerweise Katerchen Willi bereits zusammengekringelt liegt. Ich liebe farbenfrohe und gemusterte Bettwäsche, die dem ganzen Raum noch mal etwas Besonderes verleiht.

Such ein Bettlaken aus, das von der Größe optimal über die Matratze passt und nicht an den Ecken herausrutscht, oder verwende ein Spannbetttuch. Nachdem du das Bett bezogen hast, streiche die Decke glatt. Viele Kissen machen dein Bett noch gemütlicher. Um zu entscheiden, wann deine Bettwäsche eine Reinigung nötig hast, hilft Schnüffeln – alle zwei Wochen ist eine gute Routine für den Wechsel.

Matratze reinigen

Die Matratze könnt ihr je nach Bedarf reinigen, es empfiehlt sich ein- bis zweimal im Jahr. Zu häufig solltet ihr nicht ran an das Teil, das kann der Matratze schaden. Viele Matratzen besitzen einen Bezug, den man abnehmen und waschen kann. Darin findet ihr das Pflegeetikett, auf dem euch Hinweise zum Waschen, Bügeln, Trocknen oder zur chemischen

Reinigung gegeben werden. Nicht alle Bezüge darf man in den Trockner geben. Wenn ihr den Bezug an der Luft trocknet, dann legt ihn nicht in die pralle Sonne. Spannt ihn in Form, beispielsweise über vier Stuhllehnen – so kann die Feuchtigkeit über eine große Fläche abgegeben werden, und das Teil ist schnell trocken und wieder einsatzbereit.

Besitzt eure Matratze keinen Bezug, dann wird es etwas schwieriger. Feuchtigkeit sollte nämlich nicht an das Teil, ist sie doch ein perfekter Nährboden für Milben und Schimmel. Besser eignet sich hier Natron oder Soda, weil beides Keime tötet und Gerüche entfernt. Streut das Pulver gleichmäßig auf die Matratze, lasst es über mehrere Stunden einwirken und saugt es anschließend mit dem Staubsauger, bestenfalls mit der Polsterdüse, ab. Für alles Weitere zieht ihr am besten einen Fachmann hinzu.

Matratze lüften

Wenn ihr morgens aufsteht, dann schmeißt das Bettzeug über einen Stuhl und reißt das Fenster weit auf, so kann die Matratze atmen. Nicht nur diese nimmt über die Nacht Flüssigkeiten auf, sondern auch das Bettzeug, weshalb sich auch dieses über die Frischluftzufuhr freut. Wenn ihr keinen Lattenrost besitzt, sondern die Matratze direkt auf einem luftundurchlässigen Untergrund steht, dann stellt sie hochkant. So könnt ihr eure Matratze alle drei Monate bei geöffnetem Fenster lüften. Öffnet den Bezug und lasst die Matratze noch eine Weile hochkant stehen. Schützt bitte Federkern, Schaumkern oder Latex vor direkter Sonneneinstrahlung. Futon- oder Naturmatratzen tut Sonne hingegen gut, weil die UV-Strahlen Keime abtöten. Nachdem ihr gelüftet habt, kann die Matratze noch eine Weile stehen bleiben, damit sie bei Zimmertemperatur restliche Feuchtigkeit abgeben kann.

Matratzenschutz

Reguläre Spannbettlaken und Bettlaken bieten einen ersten Schutz. Zusätzlich gibt es Vollbezüge für Matratzen, die perfekt für Allergiker sind. Diese können abgenommen und bei hohen Temperaturen gewaschen werden, um Keime abzutöten. Ein sogenannter Topper ist eine Zusatzmatratze in Höhe von etwa fünf bis zehn Zentimetern, die ein noch angenehmeres Liegegefühl bietet. Der Topper schließt auch die allgemein beliebte Besucherritze. Er besteht meist aus Daunen oder Federn.

Flecken aus der Matratze entfernen

Habt ihr einen Fleck in der Matratze, dann stellt sie beim Reinigen hochkant. Das verhindert, dass der Reiniger zum Kern vordringt. Je schneller ihr reagiert, desto leichter verschwindet der Fleck. Bei starker Verschmutzung hilft euch eine professionelle Reinigung.

Blut
Hilfsmittel: Backpulver
Vorgehensweise: Blutfleck mit kaltem Wasser betupfen und gründlich mit Backpulver bestreuen. Nach etwa 20 Minuten das Backpulver mit kaltem Wasser vorsichtig abreiben. Bei starker Verschmutzung könnt ihr diesen Vorgang mehrmals

wiederholen. Lasst anschließend die Matratze an der Luft gut trocknen oder helft mit dem Föhn nach.

Urin
Hilfsmittel: Zitronensaft, weißer Essig
Vorgehensweise: Urin mit einem Papiertuch aufsaugen, anschließend den Fleck mit viel Zitronensaft oder weißem Essig beträufeln und trocknen lassen. Der getrocknete Urinfleck lässt sich dann mit einem Messerrücken entfernen.

Schweiß
Hilfsmittel: Essig, Zitronensäure
Vorgehensweise: Verdünnt Essig oder Zitronensäure in einer Sprühflasche mit Wasser und gebt die Lösung auf den Fleck, den ihr anschließend mit einer Haushaltsbürste bearbeitet. Lasst sie anschließend 15 Minuten einwirken und spült dann mit kaltem Wasser ab.

Kleiderschrank

Einmal pro Jahr freut sich euer Kleiderschrank über eine Grundreinigung. Dazu räumt ihr ihn komplett aus und wischt danach die Einlegeböden, die Rückwand und die Seitenwände. So haben Motten wenig Chancen. Ein Säckchen mit Nelken, Lavendel oder getrockneten Orangenschalen hält Motten fern und duftet außerdem betörend.

Kohlensäurehaltiges Mineralwasser besitzt eine reinigende Wirkung auf natürlichem Holz: Dafür tupft ihr einfach das Wasser auf die Flecken im oder am Schrank. Bei Flecken hilft außerdem Glasreiniger: Einfach auf den Fleck sprühen und mit einem Babyöltuch abreiben. Lackierte

Schränke aus Holz reinigt ihr am besten sanft mit einem weichen feuchten Tuch und wenig Spülmittel. Gegen quietschende Schubladen nehmt ihr Babypuder, den ihr mit einem Mikrofasertuch auftragt.

Falls der Kleiderschrank einmal unangenehm riecht, dann untersucht ihn und auch die Wand dahinter auf feuchte Stellen. Lüftet regelmäßig durch, damit sich kein Schimmel bildet. Wischt anschließend einmal gründlich durch. Wenn ihr den Kleiderschrank auswischt und danach gut trocknen lasst, habt ihr außerdem die perfekte Möglichkeit, gleich auszumisten. Bevor ihr die Kleidung wieder einräumt, solltet ihr sie gründlich waschen.

Mottenbefall

Habt ihr kleine Löcher in der Kleidung? Besonders gern knabbern sich Motten an Pelz, Filz oder Wolle fest. Auch weiße Fäden, die am Gewebe hängen, sogenannte Gespinste, sind ein Hinweis auf lästige Viecher im Kleiderschrank.

Was hilft? Wascht eure Kleidungsstücke, falls möglich, bei 60 Grad, da sterben Eier, Raupen und Falter der Motten ab. Ansonsten könnt ihr sie auch einfrieren. Dazu packt ihr die Teile in Plastiktüten und lasst sie für eine Woche im Gefrierfach. Motten sterben nicht nur bei Hitze, sondern auch bei Kälte. Sind die Textilien zu groß für Waschmaschine oder Gefrierschrank, dann föhnt die Teile auf heißester Stufe sorgfältig ab.

Noch ein Tipp für eure allerliebsten und wertvollsten Stücke: Wickelt diese in Zeitungspapier oder Plastik ein, Motten können dieses Material nicht durchbeißen.

Lüften

Mehrmals täglich liebt eure Wohnung frische Luft, bestenfalls Durchzug bei weit geöffneten Fenstern, auch Querlüf-
ten genannt. Zwei bis fünf Minuten reichen pro Lüftung, um
eine optimale Luftfeuchtigkeit zu erzielen und auch Schimmel vorzubeugen. Im Winter ist das echt fies, besonders im
sibirischen, zugigen Berlin, aber genau da kann die Innenluft
zu trocken werden. Vorsicht mit Luftbefeuchtern, sie sind
eine Partywiese für Bakterien, was auch zu Gesundheitsbe-
lastungen führen kann. Dampfbefeuchter eignen sich besser. Sie zerstäuben kaltes Wasser und verdunsten hygienisch
besser, weil das Erhitzen Mikroorganismen abtötet. Eine andere Möglichkeit sind Luftbefeuchter, die mit Ultraviolett-
strahlen und nicht mit Desinfektionsmitteln arbeiten, sie
führen eine sogenannte UV-Entkeimung durch.

Zu guter Letzt habt ihr auch noch die Zimmerpflanzen,
die eure Luft reinigen, die sind schöner als jegliche Geräte.

Tipps für einen nachhaltigen Kleiderschrank

Ich liebe Klamotten. Als ehemalige Modebloggerin ist mir
diese Leidenschaft geblieben. Ich drücke mich über meine
Kleidung aus, und es macht mir Spaß, mich in verschiedenen Stilen auszuprobieren. Während ich jahrelang gedan-
kenlos konsumiert habe, achte ich heute zunehmend auf
einen fairen und nachhaltigen Kleiderschrank. Gerade hier
können wir einiges verändern und trotzdem Spaß an der
Mode behalten.

Überblick ist alles

Was besitzen wir eigentlich alles? Nimm dir die Zeit und mach Tabula rasa in deinem Schrank – alles muss raus! Nimm jedes einzelne Teil in die Hand und überlege dir, ob du es wirklich noch einmal tragen wirst. Nein? Weg damit. Vielleicht? Lies den nächsten Tipp. Alles, was aussortiert ist, kannst du entweder verkaufen oder spenden. Ich checke immer die Bedarfsliste der Obdachlosenhilfe oder spende an Frauenhäuser. Alles, was ich verkaufe, schicke ich zu einem Vintage-Onlineshop, die erledigen alles für mich, inklusive Fotos, Produkt einstellen und verschicken. Das kostet mich einiges an Provision, erspart mir aber auch viel Stress. Natürlich könnt ihr das alles auch selbst online stellen, es gibt verschiedene tolle Marktplätze für eure Schätze.

Trage, was du wirklich liebst

In der Modebranche herrscht eine krasse Überproduktion. Laut Greenpeace kommen gerade einmal 60 Prozent unseres Kleiderschranks wirklich zum Einsatz. Verkneif dir in Zukunft lieber Impulskäufe und investiere in das, was du wirklich trägst. Die Faustregel: Mindestens 30 Mal sollte ein Teil zum Einsatz kommen! Wir sind nicht bei den Oscars und können Sachen tatsächlich mehrmals tragen ... Finde deinen eigenen Stil, dann musst du nicht jedem Trend nachjagen.

Ich bin ein Trendopfer ...

Ja, hallo, dann haben wir etwas gemeinsam! Auch ich lechze manchmal nach den angesagten Turnschuhen oder dem neuesten Manteltrend. Alles nicht schlimm. Denn eigentlich war alles auch schon einmal da. Ich durchforste also erst einmal meine liebsten Online-Second-Hand- und Vintage-Shops (die haben übrigens mit dem muffigen Image von früher gar nichts mehr gemein), und wenn ich dort nichts finde, suche ich bei nachhaltigen Labels. Fündig werde ich immer, auch wenn ich länger suchen muss. Manchmal merke ich jedoch auch während meiner Suche, dass der erste Impuls stärker war als mein wirkliches Verlangen, und ich kaufe nix.

Leih dir was!

Du hast ein besonderes Event? Dann hast du garantiert nichts anzuziehen! So ist es doch immer. Mittlerweile kannst du online und offline Sachen leihen, vom Abendkleid bis zur Designertasche. Ich bin übrigens erste Anlaufstelle für meine Freundinnen, wenn diese einmal etwas Besonderes brauchen. Und ich liebe es, meine Girls zu stylen! Stöbert also auch bei euren Freundinnen oder macht eine gemeinsame Kleidertauschparty!

Warum kaufst du?

Habt ihr euch schon mal dabei ertappt, dass ihr aus Langeweile einkauft? Shame on me, ich schon! Nicht nur einmal lag ich abends gelangweilt auf dem Sofa, habe mir schöne

Styles angesehen, und schwups, landeten sie im Warenkorb. Mittlerweile frage ich mich vor jedem Kauf, warum ich das Teil kaufen sollte. Will ich mich belohnen? Ist mir langweilig? Brauche ich das? Konsum kommt meist, wenn wir eine andere Emotion füttern wollen. Sich davon frei zu machen, ist die Königsdisziplin. Ich arbeite dran. Wirklich!

Support your eco-friendly Dealer!

Die Modebranche beutet Menschen aus. Sogenannte Fast Fashion wird vor allem von Frauen produziert, die unter menschenunwürdigen Zuständen arbeiten. Erinnern wir uns nur an die Katastrophe der Rana-Plaza-Fabrik in Bangladesch, die am 24. April 2013 einstürzte. Bei dem Unfall starben 1135 Menschen, 2438 wurden verletzt. Wenn ihr die Modeindustrie verbessern wollt, dann denkt zum einen über euren Konsum nach und achtet zum anderen darauf, dass ihr von Labels kauft, die fair und nachhaltig produzieren. Es gibt verschiedene Textilsiegel, die dir bei der Auswahl helfen, beispielsweise GOTS, Made in Green von Oeko-Tex oder Cradle to Cradle.

Repair and care

Was ist denn aus dem guten alten Sockenstopfen geworden? Zugegeben, Socken stopfe ich wirklich nicht, aber alles andere bringe ich zu meiner Omi, die mit Freude jegliche Kleidungsstücke aufarbeitet. Habt ihr keine Oma zur Hand, dann sicherlich eine Schneiderei, die das für einen fairen Obolus übernimmt. Eventuell seid ihr handwerklich auch geschickter und geduldiger als ich und repariert einfach selbst. Wichtig ist übrigens auch, dass ihr beim Waschen bereits darauf achtet, eure Kleidung angemessen zu pflegen, damit sie euch lange erhalten bleibt.

Wearing is caring.

TEIL 4

Das gemütliche Wohnzimmer

Gegen Einsamkeit und Langeweile

»In der Luxus-limousine fährt jeder gern mit. Aber du brauchst Menschen, die mit dir Bus fahren, wenn die Limousine liegen bleibt.«
OPRAH WINFREY

Zeit für Fragen

Die Fragen in diesem Kapitel mag ich besonders gern, weil sie bei ehrlicher Beantwortung viel über uns selbst aussagen und wir uns selbst noch besser kennenlernen.

- Welchen Menschen hättest du jetzt gern neben dir auf der Couch und warum?
- Wenn du eine Person deiner Wahl kennenlernen könntest, wer wäre das?
- Was würdest du gern noch einmal in deinem Leben erleben?
- Und was möchtest du in Zukunft unbedingt noch erleben?
- Wann hast du zum letzten Mal herzlich gelacht und weshalb?
- Wenn du von heute auf morgen irgendetwas, egal was, in deinem Leben ohne Probleme ändern könntest, was wäre das?
- Welche Person raubt dir am meisten Energie?
- Welche Person motiviert dich und erfüllt dein Leben?
- Mit wem vergleichst du dich oft und warum?
- Wer zählt zu deinen wahren Freunden?
- Bei wem solltest du dich entschuldigen?

Die Sache mit den Freunden ...

Das Wohnzimmer steht in diesem Buch für die Geselligkeit. Es steht für unsere Beziehungen und dafür, wie wir sie pflegen, welche Beziehungen wir überhaupt pflegen wollen und welche Freundschaften uns eventuell so vergiften, dass wir uns vor diesen negativen Einflüssen bewahren sollten.

Ich hatte nie eine beste Freundin. Im Gymnasium war ich zwar irgendwie bei den coolen Girls dabei, aber dennoch die Außenseiterin. Eine meiner vermeintlich besten Freundinnen schickte eines Tages einen Zettel durch die Klasse. Darauf war ein Strichmännchen mit zwei Punkten auf der Brust gemalt und drunter stand »Erbsentitte Frost« – einen Vornamen besaß ich zu Oberschul-Zeiten nicht. Ansonsten war mein Name des Öfteren auch Hackfresse, und eine Zeitlang gab es auch einen »Ich hasse V. Frost Club«, bei dem sich die Schüler vor dem Sportunterricht auf den Boden in einen Kreis setzten, Beschwörungsformeln murmelten und mit den Händen über dem Boden waberten, sobald ich die Halle betrat. Beim Mannschaften-Wählen war ich immer diejenige, die bis zum Schluss übrig blieb.

Ich konnte es einfach niemandem recht machen: Meine Brillengläser waren zu dick, mein Überbiss zu hässlich, meine Zahnspange ein Blitzableiter, meine Brüste nicht vorhanden, und überhaupt schien ich in den Augen der meisten Mitschüler kein liebenswerter Mensch zu sein. Als die Zahnspange raus war und die Kontaktlinsen drin, wurde ich doch noch ein hübsches Teenager-Mädchen. Doch dann war ich auf einmal die Modetussi mit den Markenklamotten. Als ich mit 18 meinen ersten richtigen Freund von einer anderen Schule hatte, war ich die mit dem Angeber-Freund, nur weil er einen tiefergelegten 3er BMW fuhr, dessen Kofferraum nur aus Boxen bestand – geiler Scheiß damals! Er gab mir das Gefühl, der liebenswerteste Mensch der Welt zu sein, und stellte sich loyal an meine Seite. Durch ihn fühlte ich mich plötzlich unbesiegbar.

Meine Abizeitung habe ich übrigens direkt nach dem Abitur in den Müll geschmissen, weil da einfach nichts über mich drinstand, was ich je wieder lesen wollte. Noch Jahre später habe ich unter meiner Schulzeit gelitten und musste einiges erst mal verarbeiten. Niemand aus meiner Familie hatte mitbekommen, wie ich gemobbt wurde. Ich schaffte es, nach außen immer der Sonnenschein zu sein. Ich war schon immer schlagfertig, meine Mitschüler haben oft nicht mal mitbekommen, wie weh sie mir taten, weil ich mit großer Klappe dagegenhielt.

Mein erstes Erlebnis mit Mobbing hatte ich bereits in der Grundschule. In der vierten Klasse kam Iris neu zu uns. Iris hatte Diabetes und einen sehr strengen Vater, der seine Tochter leider komplett verkorkst hat. Deshalb war sie ein wenig anders. Ich kenne Diabetes gut, mein Vater ist Arzt und spezialisiert auf diese Erkrankung. Das verband mich mit Iris, und ich hatte das Gefühl, sie beschützen zu müssen. Ich weiß bis heute, wie ich sie einmal weinend unter der großen Treppe in der Aula fand. Als ich sie in den Arm nahm, kamen ein paar Jungs aus unserer Klasse vorbei und verspotteten uns. Sobald man sich als junger Mensch, damals ja fast noch als Kind, mit Außenseitern solidarisierte, sägte man am eigenen Popularitäts-Ast. Auf dem Gymnasium ging es dann gerade so weiter. Obwohl ich gemobbt wurde, stand ich weiter für Schwächere ein. Auch ein mir sehr nahe stehender Mensch wurde permanent ausgeschlossen, auf dem Schulhof angespuckt und beleidigt. Heute noch werde ich laut, wenn ich sehe, dass Menschen ungerecht behandelt werden.

Egal, ob im Freundeskreis oder bei einem Fremden in der S-Bahn. Ich glaube fest daran, dass es mich stärker macht, wenn ich für andere stark bin.

Wie habe ich das damals durchgehalten? Was mir tatsächlich half, war der Fakt, dass ich meinen Mitschülern nicht glaubte. Ich war nicht annähernd so scheiße, wie sie mich fanden. Das bewiesen auch meine Freundschaften außerhalb der Schule. Ich war im Chor, im Orchester, in der Jugendgruppe der Kirche – und dort war ich beliebt und hatte Freunde. Meine Offenbarung war das Studium, wo ich komplett neu beginnen konnte und die tollsten Menschen überhaupt fand.

Seitdem habe ich übrigens auch eine beste Freundin, meine erste und allerliebste. Ich betrat am ersten Tag meines Masterstudiums in Tübingen den Seminarraum. Wir waren insgesamt nur 21 Studierende im Fach Medienwissenschaften. Und da sah ich diese blonde, junge Lady mit dem frechen Kurzhaarschnitt und ich wusste – du bist mein, dich schnapp ich mir. Klingt ein bisschen creepy, ich weiß, aber es war großartig. Wir sind seitdem ein Herz und eine Seele, obwohl wir mittlerweile Hunderte von Kilometern auseinanderwohnen. Oft sehen wir uns nicht, und zwischen uns kann auch mal wochenlang Funkstille sein. Wenn wir uns dann aber wieder hören, fühlt es sich an, als sei es gestern gewesen. Franzine hört mir immer zu, hinterfragt mich aber auch kritisch, wenn sie Dinge anders sieht. Das tut sie auf so eine liebevolle Art und Weise, dass es kein Herummäkeln an meiner Person ist, sondern eine konstruktive Hilfe für die jeweilige Lebenssituation. Sie ist nicht immer meiner Meinung, und das ist gut so. Es ist wichtig, streitbar zu sein und ehrlich interessiert am anderen. Ich habe heute eine Handvoll wirklich enger Freunde, aber einen riesigen Bekanntenkreis, den ich liebe. Ich gehe darin auf, Gastgeberin zu sein und meine Freunde zu bespaßen, ich connecte gern Menschen, und ich unterstütze auch gern diejenigen, bei denen ich ein Talent erkenne. Ich bin trotz oder vielleicht auch gerade wegen meiner Jugend ein riesiger Menschenfreund. Das betone ich auch immer wieder gern. Vor allem, weil es in Berlin scheinbar mega hip ist, Misanthrop zu sein – ja, damit gehen Menschen tatsächlich hausieren und finden es cool, andere scheiße zu finden. Das tut mir leid, weil dahinter natürlich auch wieder Probleme stecken, die nicht aufgearbeitet wurden.

Was ich aus meiner Vergangenheit gelernt habe, ist: Du bist nicht das, was andere über dich denken. Und wer versucht, über mich zu urteilen, ohne dabei ehrlich zu sein, der fliegt leider auch aus meinem Zeitmanagement. Ich arbeite viel und habe meine Fingerchen gern in den unterschiedlichsten Projekten – da heißt es, meine Zeit gut einzuteilen. Meine drei engsten Freunde in Berlin sehe ich regelmäßig. Wir gehen am Wochenende frühstücken, oder sie kommen zum Abendessen vorbei. Wir treffen uns zum Sport oder Spazierengehen. Meine Freunde verstehen, dass ich viel unterwegs bin und gern zu Hause rumhänge, wenn ich da bin, deswegen macht es ihnen nichts aus, mich zu besuchen. Keiner von ihnen setzt mich unter Druck, dass ich mich ständig melden soll oder wir etwas unternehmen müssen. Denn das funktioniert bei mir nicht. Ich bin kein Mensch, der ständig in Kontakt sein muss. Wenn mich jemand braucht, bin ich da, aber ich muss nicht jede Woche telefonieren. So funktionieren Freundschaften bei mir nicht.

Warum erzähle ich euch das? Weil wir hier von Reinigung sprechen. Dazu gehört es auch, sich von Freundschaften zu trennen, die deine Seele beschmutzen und dir nur Ballast auferlegen. In unserem Freundeskreis ist Sanja. Ich mag sie supergern, und wir haben uns eine Zeitlang öfter getroffen. Sanja fing irgendwann an, sich zu beschweren, dass ich mich nie melden würde. Schon damals erklärte ich ihr, dass das nicht in meiner Natur liegt und dass ich Freundschaft anders definiere. Auf einer Hausparty saßen wir eines Tages lustig angeschickert draußen auf der Treppe und unterhielten uns. Plötzlich fiel von ihr der Satz: »Vreni, du bist so oberflächlich, das ist echt schwierig.« Ich war total schockiert und sehr verletzt. In der Zeit danach grübelte ich viel und redete schließlich auch mit meinen engsten Freunden darüber, die das überhaupt nicht nachvollziehen konnten. Ich versuchte die ganze Zeit zu verstehen, was sie damit meint. Vor einem halben Jahr saßen wir auf einer anderen Feier zusammen, Sanja war betrunken, und da war es schon wieder: »Vreni, du bist oberflächlich.« Und da fiel bei mir der Groschen. Nicht ich war oberflächlich, aber unsere Freundschaft war es. Das sagte ich ihr dann auch. Sie ist keine enge Freundin, wollte das aber scheinbar sein, und die Unzufriedenheit darüber, dass ich mich nicht regelmäßig melde (und sicherlich auch noch andere Umstände in ihrem Leben), hatte sie zu dieser Aussage bewogen. Ich weiß heute, dass ich nicht jedem gefallen muss – das habe ich viel zu lange versucht, und natürlich scheitert man kläglich daran, weil man sich darüber völlig verliert. Deshalb umgebe ich mich nur noch mit Menschen, die mir guttun. Auch hier gibt es Krisen und Streit, aber das sind Momente, die es wert sind, ausgehalten und durchgekämpft zu werden.

Positive und aktive Kommunikation

Ich habe in den letzten Jahren meinen Wortschatz und meine Ausdrucksweise stark verändert. Früher habe ich meine innere Unzufriedenheit oft unbewusst auf andere projiziert. Wenn ich unfair zu jemandem bin, dann, weil in mir selbst irgendetwas unter der Oberfläche brodelt. Social Media hat mich hier vieles gelehrt. Oft werde ich in Interviews oder bei Podiumsdiskussionen gefragt, wie ich mit Hatern umgehe. Hater kommen bei mir nicht vor. Ich gebe Hatern keinen Raum. In Liebe ertränken, das ist meine Devise. Übrigens sind Hasskommentare niemals gegen die kommentierte Person gerichtet. Wer böse Kommentare verfasst, gibt immer etwas über sein eigenes Seelenleben preis, das von Neid, Missgunst und Unzufriedenheit beherrscht wird. Das ist traurig, und diese Menschen können einem sehr leidtun. Deshalb: Begegne Hatern nicht auf demselben Niveau. Alles, was unter die Gürtellinie geht, wird blockiert und gemeldet, wer jedoch nur stark kritisch schreibt, mit dem setze ich mich gern konstruktiv auseinander.

Ich reiche lieber anderen Menschen die Hand, als mit dem Finger auf sie zu zeigen. Positive Kommunikation macht nicht nur Gespräche angenehmer, sondern bringt auch dein Mindset auf Vordermann. Deine Gedankenwelt rückt auf eine höhere und zufriedenstellendere Ebene. Wenn deine Sprache pessimistisch ist, dann manifestiert sich das in deinem Gehirn, und du läufst über kurz oder lang in die Falle. Unsere Worte bestimmen, wie wir die Welt wahrnehmen, sie tragen einen Großteil zu Erfolg und Misserfolg bei.

Ein Pessimist würde sagen »Das klappt sowieso nicht«, ein Realist »Schauen wir mal, ob das klappt«, der Optimist lächelt und sagt »Das klappt schon!«. Übrigens: Wir sollten generell mehr lächeln, dabei entspannen sich nämlich sämtliche Gesichtsmuskeln. Probier es sofort einmal aus. Lächle. Versuche jetzt mal, das natürliche Lächeln beizubehalten und eine Grübelfalte zu machen – siehste! Sind wir glücklich, dann sendet unser Gehirn Signale an die Muskeln, und wir lächeln. Der Mund wiederum sendet Signale an das Gehirn, sobald wir lächeln. Das Gehirn denkt, dass wir glücklich sind, egal, ob es stimmt oder nicht. Wir können uns also austricksen – das ist großartig! Es kommt dabei nicht darauf an, ob wir wirklich auch mit den Augen lächeln oder ob wir nur den Mund zu einem Lächeln verziehen. Ein Gesundheitseffekt tritt in jedem Fall ein. Unser Herzschlag beruhigt sich. Und wenn wir das Atmen nicht vergessen, dann geht's noch schneller.

Zurück zur positiven Kommunikation. Der Unterschied zwischen »Das klappt eh nicht« und »Das wird schon klappen« ist enorm. Die Haltung ist gänzlich anders. Während der Pessimist mit dem Misserfolg rechnet, ist der Optimist zuversichtlich für einen positiven Ausgang der Sachlage oder Situation.

Positive Kommunikation braucht eine Weile, um sich in unserer tagtäglichen Ausdrucksweise zu verankern. Nehmt es euch jeden Tag aufs Neue vor, und seid nicht enttäuscht, wenn ihr doch einmal negativ oder urteilend sprecht, das ist ganz normal. Wer es sein Leben lang gewohnt ist, sich auf eine bestimmte Art auszudrücken, der schafft es nicht von heute auf morgen, das zu verändern. Die gute Nachricht ist jedoch: Man kann es schaffen. Jeder Tag und jede Gesprächssituation ist eine neue Chance. Bedeutet übrigens nicht, dass wir zu allem Ja und Amen sagen müssen, auch in der positiven Kommunikation bleibt Raum für Kritik und auch für Ärger.

Negativ und positiv formulieren

Hier kommen ein paar Beispiele, die euch in eurer zukünftigen Kommunikation helfen können.

Negativ	Positiv
Ich habe keine Ahnung.	Ich möchte mich erst dazu informieren, dann gebe ich dir eine Antwort.
Das dritte Bild ist hässlich.	Das zweite Bild hat eine tolle Farbgebung, und mir gefällt die Komposition.
Von 10 bis 15 Uhr habe ich keine Zeit.	Wir können gern ab 15 Uhr sprechen.
Ich schaffe das nicht.	Ich versuch's!

Wenn wir eine Sache angehen und diese nicht funktioniert, dann ist das kein Grund, den Kopf in den Sand zu stecken. Es bedeutet nicht, dass wir es grundsätzlich nicht können. Wenn wir so denken, dann generalisieren wir, und das ist nie gut, schon gar nicht, wenn es um Gespräche geht. Wir können nicht von einem Baustein auf das ganze Haus schließen. Wir Menschen neigen aber dazu, Schwarz-Weiß-Kategorien zu bilden. Dabei gibt es Abermillionen von Grautönen.

Statt zu sagen »Sarah ist schrecklich«, könntest du sagen »Sarah hat sich heute wirklich seltsam verhalten«. Achte auf deine Aussagen. In deiner Kommunikation kann ich erkennen, wie es dir geht. Und du fühlst dich so, wie du sprichst.

Kümmere dich gerade in Zeiten, in denen es dir schlecht geht, um deine Wortwahl, das hilft dir dabei, wieder glücklicher zu werden. Schritt für Schritt, du wirst es spüren, bekommst du mehr Energie, und deine Stimmung hebt sich.

Energie und Klarheit ermöglichen dir auch eine aktive Kommunikation. Ich arbeite mit einer kleinen, feinen und heißgeliebten Redaktion aus freien Mitarbeitern zusammen. Wenn ich Texte redigiere oder E-Mails lese und darin Sätze im Passiv oder in der indirekten Rede entdecke, dann spreche ich es sofort an. Jeder, dem ich dieses Prinzip erkläre, ist total dankbar für diese winzige Änderung, die so viel bewirkt. Wenn wir aktiv kommunizieren, dann wirken wir stärker. Aus »Ich würde mich freuen, wenn Sie mir antworten« wird »Ich freue mich auf Ihre Antwort«. Aus »Ich hoffe, der Vortrag hat Ihnen gefallen« wird »Gibt es noch Fragen? Ich freue mich auf den Austausch«. Könnten, würden, hoffen undsoweiter verbannen wir aus der Kommunikation. Probiert es einmal aus!

Innere Stärke

Es gibt Menschen, denen scheinbar nichts etwas anhaben kann. Sie stehen fest in der Brandung, egal wie hoch die Wellen schlagen, und meistern schwierige Situationen auf eine bewundernswerte, besonnene Weise. Zu diesen Menschen gehöre ich nicht. Im Job kann mich kaum etwas erschüttern, das war schon immer so. Ich weiß, was ich beruflich will und was ich kann. In meinem Privatleben hingegen sieht das anders aus.

Ich habe bis zu meinem 30. Lebensjahr gebraucht, um

das erste Mal in meinem Leben ein dauerhaftes Gefühl der Zufriedenheit zu erreichen. Und das machte mich süchtig, süchtig nach innerer Ausgeglichenheit. Mein Seelenleben war so lange von überwältigenden Gefühlen beherrscht, die ohne Vorwarnung auf mich einprasselten, von zu vielen Reizen, die ich nicht verarbeiten konnte. Noch immer kommen diese Momente, in denen sich innerlich alles zusammenkrampft und ich entweder explodieren oder zusammenbrechen könnte, aber ich lerne mehr und mehr, damit umzugehen. Mittlerweile passiert das nur noch ein paar Mal im Jahr und nicht mehr jede Woche. Es ist für jeden, der innere Kämpfe auszutragen hat, erschöpfend. Manche dieser Kämpfe gipfeln über die Zeit in Panikattacken, Depressionen oder andere Erkrankungen.

Während ich in den letzten Zügen für dieses Buch bin, habe ich zum ersten Mal seit langer Zeit wieder eine Panikattacke. Es passiert während meiner Mayr-Kur in Österreich. Ich schrecke um zwei Uhr nachts aus einem furchtbaren Alptraum auf, mir ist schwindelig, kalter Schweiß bildet sich auf meinen Unterarmen, ich habe das Gefühl, mich übergeben zu müssen, mein Herz rast. Die ganze Nacht liege ich in diesem Zustand wach, morgens um sieben denke ich, ich drehe durch, und rufe bei der Rezeption an. Es ist Sonntag, deshalb ist die Ärztin heute nicht vor Ort, macht sich aber auf den Weg zu mir. Elisabeth ist eine kleine, ältere Dame mit rot gefärbten Haaren, ihr faltiges Gesicht ist schön und erzählt ohne Worte von einem aufregenden Leben, sie trägt eine eng anliegende Kette aus Muscheln und einen Jadestein um den Hals.

Als sie mein Zimmer betritt, sitze ich völlig aufgelöst im Bett, und als sie fragt, was los ist, breche ich zusammen. Minutenlang liege ich schluchzend in den Armen der Ärztin.

Dann gehen wir hinunter in den medizinischen Bereich des Hotels, ich kann mich nur an Elisabeths Hand festkrallen und an der Wand entlanghangeln. Sie braucht drei weitere Stunden, um mich wieder zu beruhigen. All das schaffe ich ohne Medikamente, lediglich an den Tropf gehängt werde ich, um Flüssigkeit und Elektrolyte zu erhalten. Diese mehrere Stunden andauernde Attacke hat mein zentrales Nervensystem durcheinandergebracht, ich kann die darauffolgenden Tage nicht gehen, ohne das Gefühl zu haben, mich auf einem Boot bei starkem Seegang zu befinden. Ich taste mich an den Wänden entlang, schaffe kaum eine Treppenstufe, kämpfe weiterhin mit Übelkeit und ständiger Unruhe, vor allem nachts. Das Gute: Ich erkenne im Gegensatz zu früher sofort, warum das passiert ist. Mein inneres Training war zu kurz gekommen. Ich hatte mich mit Arbeit überladen, und auch privat kamen noch große, anstrengende Baustellen hinzu. Wäre ich nicht bei der Kur gewesen, hätte ich das alles sicherlich noch eine ganze Weile gedeckelt. Ich hatte wirklich Glück, dass es in dieser geschützten Zeit ausbrach und ich quasi unter professioneller Aufsicht leiden durfte. Ich fahre nicht wie geplant am nächsten Tag nach Hause, sondern bleibe noch sieben Tage länger in Österreich. Jeden Tag geht es mir ein Stück besser, jeden Tag kommen Rückschläge, die ich hinnehmen muss. Die Unruhe in der Nacht, die Übelkeit am Morgen, der Schwindel, der mich durch den Tag schaukelt. Ich schreibe viel in dieser Zeit, ich verabschiede mich von Instagram und gehe offline. Ich spüre. Ich atme.

Eine Krise ist immer etwas Gutes, selbst wenn sie sich beschissen anfühlt. Sie lässt dich wachsen und zu einem zufriedeneren Menschen werden – sofern du daraus lernen willst und deine eigenen Schlüsse ziehst. Ich lerne immer wieder aufs Neue, dass ich auf mich achten will, in diesem Falle benutze ich sogar das Wörtchen *muss*. Wenn ich diese furchtbaren Momente nicht erleben will, dann *muss* ich mehr auf mich hören. Bei meinen Liebsten reagieren meine Antennen sofort, ich spüre, wenn bei ihnen etwas nicht stimmt, und versuche zu helfen. Meine eigenen Antennen – die *meine* Stimmung aufnehmen – lernen noch, wie sie die wichtigen Frequenzen empfangen.

Um innere Stärke zu erlangen, gilt es, achtsam zu sein. Und ehrlich zu sich selbst. Aus dieser Ehrlichkeit folgen Konsequenzen. Wenn dir dein momentanes Leben nicht passt, dann hast du zwei Möglichkeiten. Möglichkeit eins ist, dich dem hinzugeben und es zu akzeptieren. Möglichkeit zwei ist, das Leben zu ändern. Letzteres ist immer mit erheblich mehr Aufwand, Anstrengung und Mut verbunden, wird aber auch sehr viel mehr belohnt.

Als ich noch jünger war, so um die 20 herum, war ich neidisch und auch missgünstig. Meine Freundin kauft die Schuhe, die ich mir nicht leisten kann? Neid. Mein Kommilitone bekommt eine bessere Note als ich? Unverdient, ich war viel besser.

Alles Bullshit. Ich bin der festen Überzeugung, dass Neid und Missgunst nur entstehen, wenn man mit seinem eigenen Status quo nicht im Reinen ist. Ich bezeichne mein Leben schon seit einigen Jahren als komplett Neid-frei. Das war harte Arbeit. Früher wusste ich nicht ansatzweise, wer ich bin, habe mich über Statussymbole und einen Lifestyle definiert, der nur darauf ausgelegt war, mich nicht mit meinem Inneren beschäftigen zu müssen. Das geht auf Dauer nicht gut, und irgendwann bricht alles über einem zusammen. Manchmal muss einem jedoch der Boden unter den Füßen weggerissen werden, damit man erkennt, wo man steht.

Ich habe also ehrlich hinterfragt, was mit mir und in mir los ist. Ich habe Dinge angepackt, auch wenn ich furchtbare Angst vor manchen Schritten hatte. Ich habe Rückschläge erlitten und wollte am liebsten alles hinschmeißen. Zum Glück bin ich aufgestanden und habe weitergemacht.

Als ich diese letzte, furchtbare Panikattacke hatte, kam mir – am Tropf hängend – in einem kurzen Zustand der Ruhe ein ganz klarer Gedanke: Sollte es nun vorbei sein, dann kann ich a) sowieso nichts machen und b) wäre es okay. Ich vermisse nichts in meinem Leben, natürlich gibt es Probleme, die ich lösen will, aber das Grundgerüst meines Lebens ist fest und sicher. Ich habe kein Land, das ich unbedingt bereisen muss, keine Designertasche, die mein Leben besser macht, will nicht CEO eines börsennotierten Unternehmens werden, liebe die Menschen um mich herum und muss mich bei niemandem für etwas in der Vergangenheit entschuldigen. Ich würde also komplett zufrieden gehen – außer, dass ich nicht gehen will. Natürlich habe ich Pläne. Ich will noch ein Bananenbrot backen, eine neue Wohnung einrichten, in den Urlaub fahren. Alles Bonus, alles kein Muss.

Wenige Tage nach meinem Zusammenbruch liege ich bei meiner Ärztin auf der Liege. Elisabeth sagt, ich solle mir vorstellen, sie sei eine wunderschöne Fee. Wir müssen beide lachen, weil sie so gar nicht in das Schema passt mit ihrer rauchigen Stimme und der resoluten Art, aber wir erschaffen dann doch noch eine ganz passable Fee. Sie fragt mich also, was meine drei Wünsche wären, wenn all meine Liebsten und ich gesund wären und blieben, Weltfrieden herrschte, die Erde gesund sei und ich genug Geld zum Leben hätte. Lange überlegen muss ich nicht, dann kommen meine drei Wünsche: Ich möchte einen Roman schreiben, ich will als Sprecherin arbeiten und Hörbücher vorlesen, und ich hätte gern irgendwann noch einen Hund (auch wenn Willi und Flip hierüber erst einmal nicht so amüsiert wären). Schwups, da sind sie raus, meine Wünsche. Keine Villa in Wannsee, kein Privatjet, nicht einmal eine Prada-Handtasche. Nein, es sind alles Wünsche, die realistisch und erreichbar sind. Mein Leben erfüllen, das macht mich glücklich. Das kann mir kein materielles Gut liefern.

Mein wichtigster Plan für die Zukunft ist, auf mich selbst zu hören. Ich plane einen lazy afternoon pro Woche, und an diesem Nachmittag darf ich nichts Vernünftiges tun. Na ja, wenn ich das Bad unbedingt putzen will, weil es mir guttut, dann darf ich das natürlich. Aber ich darf nichts abarbeiten, was auf irgendeiner Liste steht, sei es auf einem Blatt Papier oder nur in meinem Kopf. Und wenn ich vier Stunden die Wand anstarre (wird sicher nicht passieren!), dann ist selbst das okay. Außerdem plane ich, jeden Tag zwei Stunden offline zu sein und das Handy möglichst weit wegzulegen. Alles Zeit, in der ich wirklich entspannen kann, meine Gedanken sortiere und Glücksmomente schaffe. Innere Stärke kann ich in Momenten der Entspannung am besten trainieren. Dafür sollten wir uns bewusst Trainingseinheiten freischaufeln.

Denn jeden Tag gibt es Situationen, in denen ich meine innere Stärke »trainieren« kann. Manchmal gilt es nur, den eigenen Schweinehund zu überwinden, ein anderes Mal geht es um harte, aber lohnenswerte mentale Arbeit, beispielsweise Fragen und Gedanken, die in dir schwelen, konsequent zu beantworten und weiterzudenken. Denk einmal darüber nach, welchen Weg du bisher beschritten hast, und freu dich über all die Stationen, die dir helfen, dich zu dem Menschen zu machen, der du sein möchtest.

Gute Reise!

Tipps zur inneren Stärke

Resilienz ist das Zauberwort: Bei manchen Menschen ist diese Stärke so stark ausgeprägt, dass sie kaum etwas erschüttern kann, andere wiederum zerfließen in Selbstmitleid, hegen Selbstzweifel, haben Versagensängste oder werden sogar depressiv. Im Fachjargon sprechen wir von Resilienz. Der Begriff Resilienz bezeichnet die Fähigkeit, Extremsituationen zu überstehen, ohne daran seelischen Schaden zu nehmen. Heute wird der Begriff vor allem damit assoziiert, den stressigen Alltag zu meistern, ohne daran seelisch zu zerbrechen. Immerhin nimmt in unserer Gesellschaft die Zahl der stressbedingten psychischen Erkrankungen von Jahr zu Jahr zu. Es schadet also nicht, unsere innere Stärke zu trainieren.

Von Geburt an braucht jeder Mensch Widerstandsfähigkeit, um zu überleben. Durch unsere Lebensumstände, persönliche Erfahrungen und unser Umfeld entwickelt sich die Kraft bei allen unterschiedlich. Ein schwerer Schicksalsschlag kann uns ziemlich aus der Bahn werfen und der inneren Stärke schaden. Aber auch daraus gehen manche Menschen gestärkt hervor. Sie sind resilient. Wie also kann jeder seine innere Stärke aufbauen, vor allem, wenn sie in jungen Jahren Schaden genommen hat?

Psychische Flexibilität – Alles halb so wild

Negative Gedanken sind nicht zu unterschätzen, denn unser Körper reagiert instinktiv und produziert Stresshormone. Wissenschaftliche Studien belegen, dass wir etwa 200 Mal am Tag negativ über uns denken oder uns kritisieren – natürlich hat das Folgen für unser Selbstvertrauen. Wie also den inneren Kritiker ruhigstellen? Oft passieren diese Gedanken ganz automatisch und sind durch unsere Außenwelt beeinflusst. Vielleicht, weil wir irgendwo etwas gelesen oder gesehen haben. Hier gilt es, innezuhalten, achtsam zu sein und sich bewusst zu machen, dass diese Gedanken willkürlich sind und keinen tieferen Sinn haben. Dabei sollen die Gedanken nicht verdrängt werden, vielmehr dürfen wir ihnen keine zu große Bedeutung beimessen.

Bewerte deine eigenen Gefühle nicht negativ

Nehmen wir an, ich habe tierische Angst vor einem Vorstellungsgespräch. Negativ wäre es, das eigene Verhalten zu bewerten: Warum bin ich nur so schlecht darin? Warum kann ich nicht souveräner sein? Stopp! Wenn solche Gedanken kommen, dann fange ich an, mich für mein schlechtes Gefühl, nämlich die Angst, runterzumachen. Diese automatische Reaktion müssen wir unbedingt erkennen und lernen, neu damit umzugehen. Tatsächlich hilft es in solchen Momenten, laut STOPP zu sagen und aufzustehen, um dem Körper einen neuen Impuls zu geben. Klappt zu Hause wunderbar, in der U-Bahn wird das für viele schon schwieriger. Deshalb ein gedankliches Stoppschild einblenden.

Erforsche dich selbst

Ein negatives Innenleben kann viele Gründe haben. Sich selbst zu kennen und das eigene Gefühlschaos einordnen zu können, hilft enorm, die innere Stärke aufzubauen. Es gibt unterschiedliche Ansätze, dies zu erreichen, wie beispielsweise Yoga, Meditation oder Psychotherapie. Auch ehrliche Gespräche mit Freunden können helfen. Als Einstiegshilfe kann man sich selbst die Frage stellen: Sage ich wirklich das, was ich denke?

Menschen mit einem gesunden Selbstwertgefühl gehen positiver und gelassener durchs Leben. Du musst nicht auf Teufel komm raus auf den Instagram-»I love myself« oder den »Body Positivity«-Hype aufspringen. Der erste Schritt hin zu mehr Selbstwert besteht darin, zuzugeben, dass es irgendwo wehtut. Den Mut zu haben, sich das einzugestehen, was man bislang erfolgreich verdrängt hat. Was danach kommt, kann Jahre dauern, aber es ist ein Prozess, der sich lohnt. Nicht Selbstliebe ist das Zauberwort, sondern Selbstakzeptanz. Akzeptiere deine Schwächen, lerne ehrlich aus Fehlern, und gib diese zu, schätze dich realistisch ein, und akzeptiere all deine Facetten. Das ist vor allem in den Zeiten wichtig, in denen es dir gerade nicht so gut geht.

Beeinflusse deine Gefühle

Gefühle sind nicht einfach so da. Sie sind abhängig vom Blutzuckerspiegel, von Bewegung, Schlafverhalten und Hormonen, aber auch persönliche Erfahrungen und das Umfeld spielen eine wichtige Rolle. Wir können unsere Gefühle zumindest teilweise beeinflussen, indem wir auf uns selbst achtgeben. Zum Beispiel: kein Alkohol vorm Einschlafen und regelmäßig Sport treiben. Wir Frauen sollten auch unseren Zyklus besser kennenlernen. In der ersten Hälfte sind wir nämlich voller Energie, aber nach dem Eisprung geht's abwärts mit dem Energielevel und auch mit der Laune. Seit ich meinen Zyklus mittels einer App tracke, bin ich viel gelassener an Tagen, an denen ich eigentlich aus der Haut fahren möchte. Ein kurzer Blick in die App genügt, ich sehe, ich bekomme in wenigen Tagen meine Periode, und dann weiß ich, dass die Welt in spätestens 48 Stunden wieder normal ist.

Tagebuch führen

Es hilft so sehr, sich der glücklichen Momente bewusst zu werden, die man täglich erlebt. Eine Art Erlebnis- und Stimmungstagebuch hilft, sich selbst kennenzulernen und Muster zu erkennen. Allein der Prozess des Niederschreibens bewirkt schon etwas Positives, und zusätzlich dient das Tagebuch als Nachschlagewerk, besonders an Tagen, an denen es einem mies geht. Leg dir ein Notizbuch ans Bett und schreibe die nächsten Wochen jeden Abend deine drei schönsten Momente des Tages auf! Als ich das zum ersten Mal gemacht habe, war ich positiv überrascht von den Ergebnissen.

Beschäftigung

Unser Gehirn ist ziemlich ambitioniert, denn es arbeitet rund um die Uhr. Geben wir ihm keine nützlichen Aufgaben, erfindet es einfach Gedanken, um sich zu beschäftigen. Wer rastet, der rostet. Wir fangen an zu grübeln. Dieses Wissen ist schon hilfreich, um Gedanken einzuordnen.

Wenn wir also positiv denken und innerlich stark werden möchten, dann packen wir gedanklich einen kleinen Koffer. Mein mentaler Koffer ist so ein altes Modell vom Flohmarkt mit antikem Charme, deiner ist vielleicht ein silberglänzendes Designerstück. Beides ist total in Ordnung. In diesen Koffer packen wir alle miesen Gedanken und auch Probleme. Wir stellen den Koffer an einen unauffälligen Platz, sodass wir ihn nicht ständig sehen und auch nicht immer mit uns herumschleppen müssen. Bei Bedarf können wir ihn aufmachen, nachsehen und etwas zum Bearbeiten herausnehmen. Allein schon dieses Gedankenkonstrukt verhilft uns zu mehr Lebensfreude.

Wichtig: Dieses Experiment oder diese Methode ist keinesfalls dazu da, um Gedanken abzuschalten. Wir sollten stetig an uns arbeiten, was innere Stärke betrifft, und nichts verdrängen. Aber unser Koffer hilft uns dabei, dass unsere Gedanken uns nicht auffressen.

Wir haben alle Dinge, die wir an uns nicht mögen. Wir haben Schwächen, wir können nicht alles gleich gut, wir haben Angst, wir sind aufbrausend, wir sind manchmal unfair, wir sind unsicher, wir scheitern, wir machen Fehler. Es wäre vollkommene Hybris, dann zu sagen: Ich bin supertoll und stolz auf all das, was ich bin. Bullshit.

Erarbeite dir eine gehörige Portion an Selbstakzeptanz. Lerne, mit Kritik umzugehen. Entschuldige dich, wenn du einen Fehler gemacht hast. Bleib selbstreflektiert. Such nicht nach Bestätigung bei anderen. Lade weniger Selfies hoch und definiere dich nicht nach Likes. Finde dich selbst einfach gut – und zwar ehrlich.

Neue Gewohnheiten erlernen

Schlechte Angewohnheiten kennen wir alle. Und sicherlich verspürt auch jeder von uns den Wunsch danach, daran etwas zu ändern. Ich persönlich bin furchtbar ungeduldig, was das angeht. Ich will alles und das am besten gestern. Klappt es nicht sofort, verliere ich die Lust und gebe auf. Keine gute Voraussetzung, um alte Gewohnheiten abzulegen und neue zu implementieren. Deshalb habe ich für mich einen Mini-Schritte-Plan entworfen, den ich mit euch am Endes dieses Kapitels teile. Zuerst einmal wollen wir uns jedoch mit Gewohnheiten etwas genauer beschäftigen.

Gewohnheiten, egal ob gut oder schlecht, bestimmen unser tägliches Handeln. Wir brauchen diese Gewohnheiten, weil unser Gehirn sonst komplett überfordert wäre. Nehmen wir doch einmal unsere Morgenroutine. Was machst du direkt nach dem Aufwachen? Bleibst du liegen und verplemperst die Zeit mit dem Handy? Gehst du duschen? Joggen? Meditieren? Kochst Kaffee? Routinen sollten bestenfalls unser Freund sein. Leider sind aber auch Dinge wie Rauchen, Fast Food oder Internetkonsum Gewohnheiten, die wir uns antrainiert haben und die wir leider nur schwer wieder loswerden. Unser Gehirn unterscheidet übrigens nicht zwischen guten und schlechten Gewohnheiten. Es ist einzig und allein auf den Belohnungsreiz aus, der einsetzt, sobald wir eine Gewohnheit befriedigen. Die gute Nachricht: Wir können das alles hinter uns lassen.

Was genau ist denn eigentlich eine Gewohnheit? Stellt sie euch vor wie eine automatisierte Verhaltensweise, die in eurem Leben einfach abläuft. Der Eisbecher abends vorm Fernseher, die Kippe zum Kaffee oder die Meditation am Morgen, für all diese Vorgänge haben wir uns einmal entschieden und sie dann oft wiederholt. Sie sind Routine geworden, und damit sparen wir Energie. Denn wenn wir ständig neue Entscheidungen treffen müssten, dann wären wir heillos überfordert. Schlechte Gewohnheiten erlernen wir schnell, sie sind aber auf Dauer ungesund. Gute Gewohnheiten erlernen wir langsam, sie sind aber super für unser Leben, weil sie uns dabei helfen, Zufriedenheit zu erlangen und unsere Ziele und Wünsche zu erreichen. Die Frage ist also: Willst du dich beflügeln lassen oder sabotiert werden?

Um eine schlechte Gewohnheit abzulegen, müssen wir sie identifizieren. Welche Reize werden ausgelöst? Was triggert diese Gewohnheiten? Bei deiner persönlichen Umprogrammierung hilft es ungemein, dich aus deinem normalen Kontext wegzubewegen. Oft fällt es an einem neuen Ort leichter, mit einer neuen Gewohnheit zu starten – denkt nur mal an meine jährliche Mayr-Kur. Da versuche ich ja nichts anderes, als neue Gewohnheiten zu implementieren und im Alltag durchzusetzen. Sind wir nämlich vor Ort noch Feuer und Flamme, so wird es zu Hause im Alltag dann doch eine Herausforderung, jeden Morgen alleine 30 Minuten Gymnastik zu machen – ich weiß, wovon ich rede …

Nutze den anderen Ort jedoch immer als Motivationsschub – schaden kann das niemals! Zu Hause hat man die Menschen, mit denen man gern einen trinkt, oder den morgendlichen Kaffee, der einen zur Zigarette greifen lässt. Deine Freunde willst du sicher nicht austauschen (zumindest sofern sie dir guttun), deshalb kannst du im Zusammensein mit deinen Liebsten negative Gewohnheiten mit positiven austauschen. Willst du zur Kippe greifen, nimm einen Kaugummi und hab ein paar Mandeln in der Tasche. Willst du weniger trinken, dann bestell etwas Alkoholfreies, das dir gut schmeckt. Unserem Gehirn ist es schnurzpiepegal, welche Gewohnheit wir ausüben. Hauptsache, es wird belohnt.

Frage dich, warum du eine Gewohnheit ablegen möchtest. Warum und wie beeinträchtigt diese schlechte Angewohnheit dein Leben? Was wäre, wenn du nicht damit aufhörst? Ändere dann dein Mindset, indem du dir eine neue Gewohnheit ausdenkst und sie weiterspinnst. Deine persönliche Einstellung soll immer sein: *Ich schaffe das!* Sage dir nicht: *Das mache ich nie wieder.* Das ist kontraproduktiv, weil wir leider doch dazu neigen, in alte Muster zurückzufallen. Mir hilft es ungemein, wenn ich sage: *Das mache ich heute mal nicht. Nur heute.*

Wenn du dich von Tag zu Tag hangelst, dann geht es erfahrungsgemäß leichter. Dir muss auch bewusst sein, dass es Rückschläge gibt. Diese sind jedoch kein Grund, alles hinzuschmeißen und sich einzureden, dass es ja sowieso nicht klappt. Morgen ist auch wieder ein Tag. Und übermorgen wieder. Jeden Tag rauf aufs Pferd, und schwups, sind 21 Tage rum. So lange brauchen wir nämlich, um eine neue Gewohnheit zu erlernen. Routiniert in unserem täglichen Leben ist die neue Gewohnheit jedoch erst nach rund 90 Tagen. Das sind drei Monate, das ist doch zu schaffen! Nur drei Monate für ein gesünderes Leben, das danach noch Jahre dauert!

Führe deine neue Gewohnheit in diesen drei Monaten immer und immer wieder aus. Dein Gehirn prägt sie sich ein und lässt sie Routine werden. Denke positiv und handle, das befruchtet sich dann gegenseitig. Es hilft ungemein, die neue Gewohnheit in deinen normalen Tagesrhythmus einzubauen. Ich übe momentan, nicht zuerst nach dem Aufwachen mein Handy in die Hand zu nehmen – und das fällt mir wahnsinnig schwer. Also wache ich morgens auf, widerstehe dem Drang, nach dem Smartphone zu greifen, und steige aus dem Bett. Als Erstes trinke ich ein Glas Wasser mit Basenpulver, um meinen Körper zu entsäuern. Dann gehe ich ins Wohnzimmer und mache eine Playlist an, die etwa 25 Minuten läuft. Die ersten 15 Minuten mache ich sanfte Gymnastik und wecke meinen Körper auf, die restlichen 10 Minuten werde ich von Zen-Klängen umhüllt und atme. Meine zwei Kater lieben diese Routine und sind immer in meiner Nähe. Danach gehe ich in die Küche, setze eine Kanne Tee für den Vormittag auf und mache Frühstück. Dann kaue ich sehr lange und gewissenhaft, wie ihr mittlerweile wisst, und schwups, ist die erste Stunde des Tages ohne Smartphone vergangen. I love it!

Nicht nur ich liebe das, sondern auch mein Gehirn. Das ist nämlich süchtig nach positiven Gefühlen. Deshalb füttert es ruhig noch ein wenig, sobald ihr die neue Gewohnheit ausgeübt habt: *Ich bin stolz, dass ich heute Gymnastik gemacht habe, ich belohne mich mit einem leckeren Frühstück.* Oder: *Wenn ich diese Woche durchhalte, dann gönne ich mir eine Maniküre.* Und schon springt das Belohnungszentrum an, und die neue Gewohnheit ist mit etwas Positivem verknüpft. Easy peasy!

Was leider nicht ganz so easy peasy ist, ist, dass alte Gewohnheiten nie komplett verschwinden. Sobald wir nur einmal nachgeben, klinkt sich das Gehirn in alte, energiesparende Automatismen ein. Bleibt stark! Und erinnert euch nach solchen Rückschlägen immer daran, dass es ein Morgen gibt, an dem ihr sagen könnt: *Heute schaffe ich es. Nur heute.* Morgen ist ein neuer Tag – und da schafft ihr es dann wieder!

Für die ersten 21 Tage gebe ich euch 21 Tipps mit an die Hand, um neue, gesunde Gewohnheiten zu erlernen:

1. Mach eine Liste mit deinen schlechten Gewohnheiten.
2. Hinterfrage deine schlechten Gewohnheiten, und lerne zu verstehen, warum du diese bedienst.
3. Schreibe deine tägliche Routine auf.
4. Überfordere dich nicht, indem du dir zu viel vornimmst.
5. Mach kleine Schritte, die du clever in deinen Alltag integrierst und die realisierbar sind.
6. Knüpfe neue Gewohnheiten an bestehende an, damit es ein einfacher Ablauf wird.
7. Setze dich schon vorher mit Rückschlägen auseinander, und entwickle deinen persönlichen Schlachtplan im Umgang damit.
8. Wenn es um das Implementieren neuer Routinen geht, ist Monotonie besser als Abwechslung.
9. Mach dir deine Leistung täglich bewusst.
10. Mach dir deine Leistung wöchentlich bewusst.
11. Mach dir deine Leistung monatlich bewusst.
12. Hör nicht auf, wenn du einen Tag nicht durchhältst.
13. Lass nicht zu, dass du an zwei Tagen am Stück nicht durchhältst.
14. Gestalte dein Umfeld so, wie du es für die neue, gesunde Angewohnheit brauchst.
15. Verschwende deine Zeit nicht mit negativen Gedanken. Denk nicht an gestern oder morgen. *Jetzt ist* der Zeitpunkt.
16. Warte keine Sekunde, um mit der neuen Gewohnheit zu starten. Ein winziges Zögern lässt uns oft schon faul aufgeben. Gib dem nicht nach, sondern handle sofort!
17. Denk immer daran, dass es dein zukünftiges Leben zum Positiven verändert.

18. Verinnerliche die 21/90-Regel. 21 Tage, um die neue Gewohnheit zu erlernen, 90 Tage, um sie als Routine in dein neues Leben einzubauen.
19. Belohne dich regelmäßig.
20. Sei achtsam und lieb zu dir selbst.
21. Du schaffst das!

Zum Schluss teile ich mit euch meine Liste an Mini-Gewohnheiten, die das Leben besser machen und leicht umzusetzen sind. Vielleicht inspirieren sie euch zu einem neuen Alltag:

- Gymnastik am Morgen
- 3 Minuten meditieren/atmen
- Eine Kanne Tee am Vormittag
- To-do-Listen schreiben, die realisierbar sind
- Lesen. Viel lesen
- 2 Liter Wasser trinken, Basenpulver trinken
- 10 000 Schritte an drei Tagen in der Woche gehen
- Meine Social-Media-Zeit limitieren
- Mir ein Beispiel an Willi und Flip nehmen, einen warmen Platz suchen und ruhen
- Zum Feierabend meine Duftkerze anzünden und dann wirklich nichts mehr tun
- 2 Stunden vor dem Zubettgehen das Handy weglegen
- Abends die drei schönsten Momente des Tages aufschreiben
- Positiv kommunizieren
- Nachsichtig mit mir selbst sein
- Lieben
- Leben

So reinigst du dein Wohnzimmer

Langsam, aber sicher sind wir echte Reinigungsprofis. Im Kapitel Wohnzimmer widmen wir uns intensiv unseren Polstermöbeln und dem Boden, aber auch die Haustierbesitzer erhalten hier einen kleinen Exkurs. Im Wohnzimmer wollen wir gemütlich herumlümmeln und ein Buch schmökern, hier wollen wir Freunde empfangen und gute Gespräche führen. Hier wollen wir zu uns finden und uns selbst die beste Freundin, der beste Freund sein. Und feiern wollen wir hier, rauschende Feste und das Leben! Und danach wieder sauber machen versteht sich ...

Polstermöbel

Ich kann wochenlang auf dem Sofa herumlümmeln und feststellen, dass ich die Polster mal wieder ausklopfen könnte. Irgendwann tue ich das dann auch. Vor allem in stressigen Zeiten ist das ein Genuss, dann werden die Sofapolster nämlich zum Boxsack! Das hilft der Ansehnlichkeit und dem Sitzkomfort meines Sofas, das hilft aber auch gegen innere Aggressionen – zwei Fliegen mit einer Klappe, Verzeihung, ich meine natürlich zwei Polster mit einer Klopfe, Träumchen!

Eigentlich ist die Sofareinigung total easy, ab und an absaugen und regelmäßig durchklopfen. Verirrt sich doch mal ein Fleck auf die Polster, das Risiko hierfür ist beim Besuch meiner Neffen besonders hoch, dann gilt es, den Fleck so schnell wie möglich zu behandeln. Wichtig ist, dass ihr den Fleck nur abtupft und nicht rubbelt, sonst leidet das Material. Wenn ihr auf Nummer sicher gehen wollt, dann testet ihr das Reinigungsmittel am besten an einer unauffälligen Stelle. Ich lese diesen Satz so oft bei irgendwelchen Reinigern, und ich gehöre zu den Menschen, die niemals an irgendwelchen unauffälligen Stellen testen – Living on the edge, sage ich dazu nur. Bisher ist auch noch nie etwas passiert, sobald sich das ändert, denke ich über den Pre-Test noch mal neu nach.

Manche Polsterbezüge kann man abtrennen und in der Waschmaschine waschen, für alle anderen gilt die Handreinigung. Natron ist ein wahrer Alleskönner, es beseitigt nicht nur Flecken, sondern auch Gerüche. Nehmt drei Esslöffel Natron und mischt es mit drei Esslöffel Wasser zu einer Paste. Die betroffene Stelle betupft ihr dann mit einem feuchten Schwamm, lasst es trocknen und saugt anschließend das trockene Pulver ab.

Kürzlich waren die Kinder einer Freundin zu Besuch. Sie fangen gerade an mit Kaugummikauen. Dicke Blasen und lautes Schmatzen, und natürlich landet das Ding auf der Couch, und keiner hat's bemerkt. Da helfen zum Glück Eiswürfel oder noch besser Kühlakkus. Sobald der Kaugummi gefroren ist, könnt ihr ihn Stück für Stück abbrechen.

Für die Haare von meinen Katern Willi und Flip benutze ich einen speziellen Aufsatz von meinem Staubsauger. Hier könnt ihr aber auch einen stinknormalen Fensterabzieher nehmen, der wirkt wahre Wunder.

Rotwein verschwindet, wenn ihr den Fleck direkt mit Zitronensaft und Salz behandelt. Einfach 15 Minuten einwirken lassen und anschließend mit dem Staubsauger absaugen und abtupfen. Flecken bitte generell immer von außen nach innen abwischen, damit sie nicht größer werden, logisch! Und Achtung: Zitronensaft bleicht, deshalb bitte nur auf hellen Polstern anwenden.

Teppich

Regelmäßiges Staubsaugen sollte Standard sein. Wie bei den Polstern gilt auch bei Teppichen: Flecken direkt behandeln und nur tupfen, nicht reiben! Mineralwasser leistet bei frischen Flecken erste Hilfe, auch Backpulver oder Natron sind super: Pulver auf den Fleck geben und mit heißem (nicht kochendem) Wasser übergießen. Das lasst ihr dann über Nacht einwirken und saugt beziehungsweise tupft den Fleck anschließend ab. Bei Bedarf könnt ihr diesen Vorgang wiederholen.

Euer Teppich freut sich auch, wenn er hin und wieder ausgeklopft wird. Bitte nur auf der unteren Seite klopfen, sonst dringt der Dreck nur tiefer in die Fasern ein. Wollt ihr eurem Teppich eine Nassreinigung verpassen, so bietet sich der Sommer dafür an, damit das Material schnell trocknet. Am besten vermeidet ihr direkte Sonneneinstrahlung zum Trocknen, damit euer gutes Stück nicht ausbleicht. Wenn der Teppich frisch gereinigt ist, könnt ihr ihn mit einem speziellen Imprägnierspray bearbeiten. Das muss aber nicht sein. Imprägnieren verhindert keinen neuen Schmutz, es sorgt aber dafür, dass neuer Dreck leichter entfernt werden kann.

Holzboden

Parkett, Dielen und Co. reinigt ihr am besten mit einem leicht feuchten Wischmopp, zu nass mag es euer Boden nämlich gar nicht. Klares, lauwarmes Wasser reicht absolut, der Wasserfilm sollte innerhalb von fünf Minuten einziehen. Falls der Boden stark verschmutzt ist, könnt ihr einen Spritzer Neutralseife ins Wasser geben. Abgesehen vom Reinigen schützt ihr euren Boden außerdem mit Filzgleitern, die ihr unter eure Stühle und sonstigen beweglichen Möbel klebt.

Vinyl und Linoleum

Das Material ist etwas pflegeleichter als Holz, ihr könnt mehr Wischwasser nehmen und dieses mit Essig, Zitronensäure oder Neutralseife anreichern. Bleich- und Scheuermittel sind tabu.

Fliesen

Fliesen sind sehr robust. Hier könnt ihr es triefen lassen. Essig oder Zitronensäure entfernen zuverlässig Kalk, Flecken und Gerüche. Auch ein Dampfstrahler kann hier kleine Wunder wirken. Eure Fugen freuen sich ab und an über eine Spezialbehandlung. Dafür könnt ihr einfach Backpulver und Zitronensaft verwenden. Bitte seid aber bei Naturstein vorsichtig.

Regale

Es ist supernervig, aber auch eure Regale wollen gereinigt werden. Wenn ihr wie ich ein großer Fan von dekorativem Nippes seid, dann ist das ein verhältnismäßig großer Aufwand. Drum herum wischen gilt nicht, meist verteilt ihr den Staub so nur. Es gilt, alles auszuräumen und dann die Regalböden feucht auszuwischen. Empfindliche Gegenstände könnt ihr mit einem Malerpinsel von Staub befreien. Malerpinsel gibt's in verschiedenen Größen, und sie eignen sich auch bestens für Bücher. Für Faule (ich schließe mich hier wieder ein) tut es auf die Schnelle auch der Staubsauger. Mein Modell hat eine feine Düse, mit der ich den gröbsten Staub schnell eliminieren kann.

TV

Vor lauter Sofa, Regal und Co. vergesse ich oft den Fernseher. Dabei benötigt auch dieser eine Reinigung. Das Gerät besitzt Lüftungsschlitze und andere Öffnungen, Staub kann hier also langfristig hineingelangen, wenn man sich nicht darum kümmert. Das reduziert die Lebensdauer der Flimmerkiste und kann im Ausnahmefall auch zu Kurzschlüssen führen.

Ganz wichtig: Vor der Reinigung den TV komplett ausschalten. Zieht einfach den Stecker, dann seid ihr auf der sicheren Seite. War euer Fernseher kurz vorher noch in Betrieb, dann lasst ihn vollständig abkühlen. Bitte achtet penibel darauf, dass keine Feuchtigkeit oder schlimmstenfalls Flüssigkeit in den Fernseher gelangt, sonst droht ein Kurzschluss beim Einschalten.

Um euren TV zu putzen, eignen sich ein Mikrofasertuch und ein Malerpinsel für die Ecken sowie die Minifuge zwischen Display und Rahmen. Auch die Anschlüsse und Öffnungen auf der Rückseite des Geräts könnt ihr abpinseln. Spart euch das Geld für ein sogenanntes Druckluftspray, der Pinsel tut es absolut. Wenn ihr das Spray nämlich falsch anwendet, dann pustet ihr den Staub direkt in das Gerät – das muss nicht sein, wir wollen auf keinen Fall das Binge Watching gefährden.

Ist die Staubschicht nicht leicht zu entfernen, dann könnt ihr das Mikrofasertuch minimalst anfeuchten und eventuell auch einen kleinen Spitzer Glasreiniger verwenden. Den Glasreiniger bitte immer auf das Tuch und nicht direkt auf den Fernseher geben. Andere Haushaltsreiniger wie Essig- oder Zitronensäure sind hier auf keinen Fall angebracht.

Tiere im Haushalt

Haustiere tun gut. Das beweisen nicht nur meine zwei Spinner Willi und Flip, sondern mittlerweile zahlreiche Studien. Sie sind nicht nur gut für unser Herz-Kreislaufsystem, sondern sie streicheln im wahrsten Sinne des Wortes auch unsere Seele. Die reine Anwesenheit von Tieren und das Berühren helfen dabei, Stress zu reduzieren. Blutdruck und Herzfrequenz werden gesenkt, das sympathische Nervensystem ist weniger aktiv, deshalb werden auch weniger Stresshormone wie zum Beispiel Adrenalin ausgeschüttet. Die körperliche Aktivität, die man mit Hunden oder Pferden hat, kann dazu beitragen, dass chronische Erkrankungen wie Bluthochdruck, Diabetes oder Bronchitis auf einem moderaten Level bleiben. Ein Tier kann bei einem depressiven oder traurigen Menschen dazu beitragen, dass dieser wieder auf die Beine kommt, weil er vom Tier gebraucht wird und sich kümmern muss. So sehr mich meine zwei wilden Bengalen auch oft nerven (sie quatschen einfach gern den lieben langen Tag in einer unmenschlichen Lautstärke ...), ich liebe die beiden abgöttisch und genieße es so sehr, dass wir gemeinsam leben. Ein Zusammenleben mit Tieren bringt immer mehr Freude, aber generell auch mehr Schmutz mit sich, deshalb lohnt es hier, etwas sorgfältiger zu sein.

Wir haben einen riesigen, dicken Perserteppich im Wohnzimmer. Der ist nicht nur gemütlich und schick, sondern zieht auch Tierhaare und sonstige Krümel an wie ein Magnet. Als Tierhalter sollten wir mindestens einmal pro Woche sorgfältig durchsaugen. Beim Holzboden gilt zu beachten, dass sich die Härchen gern in den Fugen und Rillen absetzen. Saugen ist generell besser als Fegen, vor allem bei Allergikern, weil der Staubsauger zuverlässig alles entfernt, ohne groß aufzuwirbeln.

Willi und Flip lümmeln gern auf der Couch oder im Bett. Immer auf der gleichen Stelle, und wenn wir hier nicht aufpassen, bildet sich ein kleines, unansehnliches Haarnest. Schnell und einfach verschwinden Haare mit einer speziellen Tierbürste oder der Fusselrolle. Um zuverlässig Haare und Hautschuppen zu entfernen, muss jedoch wieder der Staubsauger ran. Mein Staubsauger besitzt einen speziellen Aufsatz für Tierhaare, aber auch mit dem normalen Polsteraufsatz klappt es wunderbar. Ritzen und Schlitze nicht vergessen!

Ich trage selten Schwarz. Wenn ich Schwarz trage, vergesse ich das grundsätzlich, hebe Willi hoch und knuddle Flip, und schon war's das für mich mit der dunklen Eleganz. Willi legt sich auch unglaublich gern auf die frisch zusammengelegte Wäsche, Flip zieht meinen Lieblingspullover aus dem Schrank, um darauf ein Nickerchen zu machen (man findet ja sonst keinen Schlafplatz ...). Tierhaare auf Klamotten nerven! Auch hier hilft die Fusselrolle, Klebeband oder Malerkrepp. Das ist ganz schön zeitraubend. Trick 17 ist, die Klamotten, sofern möglich, im trockenen Zustand in den Trockner zu geben. Der Luftstrom und die Bewegung darin sorgen dafür, dass die Haare sich lösen und direkt im Fusselsieb landen. Generell gilt: Entfernt die Haare vor dem

Waschen, sonst setzen sie sich im nassen Stoff fest, und ihr bekommt sie erst recht nicht ab.

Ihr beugt dem Ganzen übrigens bestens vor, wenn ihr eurem Vierbeiner regelmäßig eine Bürstenmassage gönnt und Haare auskämmt. Das Bürsten regt die Durchblutung der Tiere an und euer Gemüt beim Anblick der Haare in der Wohnung ab.

Happy Petting!

TEIL 5

Das sortierte Home-Office

So macht deine Arbeit Spaß!

»Wer trübe Fenster
hat, dem erscheint
alles grau.«
DEUTSCHES SPRICHWORT

Zeit für Fragen

Die Fragen im Kapitel Arbeitszimmer sollen dich in deiner persönlichen Entwicklung inspirieren und motivieren. Sie sind ein guter Anhaltspunkt für deinen momentanen Business-Status-quo.

- Was ist dein Karriere-Traumszenario?
- Was magst du an deinem Job am liebsten?
- Was ist Erfolg für dich?
- Was würdest du gern noch lernen?
- Was macht dich stolz?
- Du darfst dir eine Superkraft aussuchen, welche nimmst du?
- Was sind deine schönsten Belohnungen nach der Arbeit?
- Wer sind deine liebsten Kollegen und warum?
- Wann war ein Tag ein guter Tag?
- Was hat sich rückblickend als großes Glück herausgestellt, das dich in der damaligen Situation geärgert, frustriert, enttäuscht oder geängstigt hat?
- Was war die wichtigste Entscheidung, die du in der letzten Zeit getroffen hast?
- Wie muss deine Umgebung aussehen, damit du motiviert und inspiriert bist?

Es ist mein Weg

Unser Beruf nimmt einen Großteil unserer Lebenszeit in Anspruch. Da sollte der Arbeitsplatz uns guttun und keine toxischen Wirkungen entfalten. In diesem Kapitel geht es also darum, wie wir uns von falschen Karrieren, unguten Kollegen und festgefahrenen Gedanken reinigen. Und natürlich schauen wir auch, wie wir hygienetechnisch das Beste aus unserem Büro oder Home-Office herausholen.

Ich habe im zweiten Semester erfolgreich mein Jura-Studium in Tübingen abgebrochen. Und darauf bin ich echt stolz. Warum? Weil ich mich gegen alle Zweifler durchgesetzt und eine bewusste Entscheidung für mein Leben getroffen habe. Ich war durchaus gut in Rechtswissenschaften. Aber nicht glücklich. In einem anderen Universum bin ich eine Knaller-Anwältin im schicken Kostüm mit Sportwagen, an meinem Arm einen brünett-gegelten Schönling mit Polopferdchen auf dem T-Shirt, ich spiele Golf und gehe teuer essen. Aber nicht in diesem. In diesem Universum habe ich mich nach meinem Bauchgefühl für einen vermeintlich schlechter bezahlten Job entschieden. Ich wollte Journalistin werden und entschied mich für einen Studiengang, der damals noch in den Kinderschuhen steckte: Medienwissenschaften – oder wie ein furchtbar lustiger (nicht ...) Verwandter immer sagte: Mädchenwissenschaften. Ha. ha.

Jedenfalls stellte sich heraus, dass das eine der besten Entscheidungen meines Lebens war. Ich liebte das Studium und schloss den Master mit Bestnote ab.

Es ist dein Leben. Du bestimmst, was dich glücklich macht, und du bestimmst auch, was Glück für dich persönlich bedeutet. Egal, ob Sportwagen oder Schreibblock.

Das herauszufinden hat Kraft und Mut gefordert. Mein

Umfeld kannte damals nur Lehramt, Medizin, BWL oder Ähnliches, irgendetwas mit Medien zu studieren war eher neu und wurde skeptisch begutachtet.

Ich habe im Studium die besten Freunde fürs Leben kennengelernt und mich ins Lernen gestürzt wie noch nie. Dabei fand ich zum ersten Mal in meinem Leben etwas heraus: Wenn mir etwas Spaß macht, dann gehe ich gern hin, lerne freiwillig über das erforderte Pensum hinaus, und ich bin gut. Dieses Gefühl mag heute selbstverständlich sein, aber damals war es für mich eine Erleuchtung – und ich wollte mehr davon. Für mein ganzes, zukünftiges Leben.

Nach dem Studium arbeitete ich lange Zeit als Markenberaterin in verschiedenen Agenturen. Ich fühlte mich ein bisschen wie Samantha aus *Sex and the City*, trat ein in die schillernde Mode- und Lifestylewelt, tummelte mich auf Events und hatte viel Spaß an der Arbeit. Etwa zeitgleich rief ich meinen Blog www.neverever.me ins Leben, den ich rein als Hobby begann. Damals saß die 14-jährige Bloggerin Tavi Gevinson bei Chanel in der ersten Reihe, und da dachte ich: Das will ich auch. Chanel hat mich bisher nicht eingeladen, aber heute ist das auch gar nicht mehr mein Ziel. Mode ist toll, aber ich will mehr vom Leben, als mich in einer funkelnden Scheinwelt mit falschen Schönheitsidealen zu profilieren. Deshalb ist aus dem Modeblog eine Gesellschaftswebsite geworden. Es geht um Gesundheit und Empowerment, um Politik und Nachhaltigkeit – alles verknüpft mit meinem eigenen Weg.

Was meine Karriere angeht, habe ich mir noch nie Sorgen gemacht. Ich stürze mich regelmäßig auf neue Themen, wenn ich merke, dass mich mein Job nicht mehr erfüllt. So bin ich seit geraumer Zeit tierisch angenervt von dem sogenannten Influencer-Business. Ich habe zu einer Zeit mit dem Bloggen angefangen, als ich noch nicht mal im Traum daran gedacht habe, dass ich davon einmal leben könnte, geschweige denn, was für eine riesige Blase sich daraus einmal entwickeln würde. Heute werde ich als Influencer bezeichnet, ob ich will oder nicht. Und ich will nicht. Ich bin es so leid, auf Social Media Fitnessdrinks oder Shampoos entgegengehalten zu bekommen. Deshalb will ich raus. Raus aus dem Internet der Influencer, rein ins Internet des Inhalts. Ich habe meine Existenz über dieses Medium aufgebaut und verdiene darüber mein Geld. Mein Ziel für die Zukunft ist es jedoch, über Instagram und Co. nur noch einen Bruchteil und nicht den Hauptteil meines Geldes zu verdienen.

Über Träume

Das ist ein guter Zeitpunkt, um über Träume zu sprechen. Ich gehöre zu den Menschen, die ihren Job lieben, deren Leben durch ihren Beruf erfüllter und nicht frustrierter wird. Das habe ich geschafft, weil ich nicht das tue, was von mir erwartet wird, sondern das, was mich glücklich macht. Und auch, weil ich regelmäßig meinen Status quo, mein Geschäftsmodell und meine berufliche Zufriedenheit hinterfrage. Ist hier etwas nicht in Ordnung, suche ich neue Wege.

Meinen Blog startete ich zeitgleich mit meinem Trainee-Programm in einer Lifestyle-PR-Agentur als reines Hobby. Über die Jahre kamen immer mehr Leser hinzu, und irgendwann trudelte tatsächlich die erste Kooperationsanfrage herein. Ich weiß es noch genau, als mir 80 Euro für einen Blogpost geboten wurden und ich total aus dem Häuschen war. Jemand wollte mich für mein Hobby bezahlen, das war total verrückt. Mit der Zeit kamen immer mehr Anfragen, irgendwann fasste ich den Mut, mich selbstständig zu machen und es mit dem Vollzeit-Bloggen zu versuchen. Ich gehöre zur ersten Generation der Vollzeit-Blogger, davor gab es diesen Beruf schlichtweg noch nicht, und auch ich hatte keine Ahnung, ob das funktionieren würde. Probieren wollte ich es aber allemal. Und dieser Mut wurde belohnt. Und wird es bis heute.

Als ich mich mit dem Blog selbstständig machte und meinen sicheren Job in der Agentur aufgab, hatte ich rund 9 000 Euro gespart – ehrlich gesagt habe ich keine Ahnung, wie ich zu so viel Geld kam, sparen war früher überhaupt nicht mein Ding ... Jedenfalls war das Gesparte innerhalb eines halben Jahres aufgebraucht, für Miete, Versicherungen und Co. Danach folgte für einige Monate Hartz IV, und das war wirklich ätzend, weil ich gerade einmal so die Miete für mein WG-Zimmer und diverse Lebensmittel bezahlen konnte. Ich war nach sechs Monaten Pleitephase kurz davor aufzugeben. Aber das habe ich nicht. Und plötzlich, von einem Tag auf den anderen, als hätte jemand mit dem Finger geschnipst und meine Karriere damit eingeschaltet, funktionierte es. Die ganze Arbeit, die ich in den Monaten davor geleistet hatte, trug Früchte, die Anfragen kamen, und das Ding lief – und läuft bis heute. Ich laufe heute jedoch anders als das Ding, das ich ins Leben rief. Deshalb erfinde ich mich gern alle paar Jahre neu. Das ist spannend, aber auch schmerzhaft, weil man feste Strukturen und auch Sicherheiten aufgibt. Sobald mich mein Beruf aber nicht mehr erfüllt, muss etwas Neues her.

Mit Mitte 20 war ich mutig, weil ich alle Zelte in Süddeutschland abbrach und nach Berlin zog. Wenige Jahre später war ich mutig, weil ich die Agentur verließ, meinen

Vertrag nicht verlängerte und als Bloggerin mein Glück versuchte. Heute bin ich mutig, weil ich dem lukrativen Influencerbusiness den Rücken kehren will. Mut wird immer belohnt.

Ich habe mir einen großen Traum erfüllt und mich zur professionellen Sprecherin ausbilden lassen. Sprache und Stimme begleiten mich schon ein Leben lang, sei es als Kind beim Gesangsunterricht oder in der Theater-AG, als junge Erwachsene in meinem Beruf als Kommunikations- und Rhetoriktrainerin oder später bei diversen Moderationsjobs. Es ist nie, wirklich nie, zu spät, sich einer neuen Karriere zu widmen, wenn man in seiner alten festgefahren und unglücklich ist.

Heute nehme ich zusätzlich noch Schauspielunterricht, um auch für Hörspiele perfekt ausgebildet zu sein, ich arbeite als Moderatorin, habe meinen ersten Werbespot gesprochen und werde sehen, wie ich in diesem Bereich weiter Fuß fassen kann.

Träume sind keine Schäume. Aber es kommt auch keine gute Fee angeflogen, wedelt mit dem Zauberstab und erfüllt deinen Wunsch. Träume verwirklichen wir, weil wir uns auf den Allerwertesten setzen und dafür ackern, manchmal auch hart kämpfen. In meinen Augen ein Kampf, bei dem man nur gewinnen kann, egal, wie es ausgeht.

Über Arbeitszeiten

Für mich war immer klar, dass mein Beruf nicht primär dazu da ist, um Geld zu verdienen. Natürlich brauche ich ein gewisses Einkommen, um mein tägliches Leben zu bestreiten, aber dann soll die Zeit, die ich zum Verdienen dieses Geldes aufwende, bitte schön auch befriedigend sein. Wir Menschen ackern uns am Arbeitsplatz ab, sind unzufrieden und lechzen dem Wochenende entgegen. Wir sind in einem Hamsterrad aus Arbeit und viel zu kurzer Erholungszeit am Wochenende gefangen. Bullshit.

Wenn Arbeit schon einen derart großen Teil meines Lebens einnimmt, dann muss sie gefälligst Spaß machen! Ich gehe ein wie ein vernachlässigtes Pflänzchen, wenn mich ein Bürojob von neun bis neunzehn Uhr an den Schreibtisch fesselt. Deshalb habe ich schon vor Jahren den Schritt in die Selbstständigkeit gewagt und es nie bereut. Ich möchte nie wieder zurück in ein Angestelltenverhältnis mit unflexiblen Strukturen.

Bleiben wir direkt bei der Arbeitszeit: Meine Bestzeit liegt morgens zwischen fünf und elf Uhr, danach bin ich an manchen Tagen schon fertig mit all meinen Aufgaben, mache ein Nickerchen, treffe eine Freundin, gehe zum Yoga oder arbeite je nach Lust und Laune weiter an Ideen und Konzepten. Am Wochenende zu arbeiten stört mich meistens überhaupt nicht, weil ich gern tue, was ich tue. Außerdem mache ich natürlich als Selbstständige keine unbezahlten Überstunden, weil ich für mich arbeite und alles auf mein Konto geht. Das gibt einem generell ein besseres Gefühl.

Anders war das als Angestellte. Da saß ich oft bis spätabends in der Agentur, bekam weder mehr Geld noch Freizeit, noch sonst irgendeinen Benefit. In meinem Kopf schrie immer nur der Gedanke: *Du ackerst dir gerade den Arsch ab, schlägst dir die Nacht um die Ohren und wirst nicht dafür bezahlt. Zum Kotzen ist das!* Das war tatsächlich in meinem Arbeitsvertrag so festgelegt: keine Ausgleichstage, keine bezahlten Überstunden. Nie im Leben würde ich heute noch mal so einen Vertrag unterschreiben, aber damals war ich noch nicht so selbstbewusst, wie ich es heute bin und wie die meisten von uns es zum Glück mit zunehmenden Arbeitsjahren auf dem Buckel werden.

Arbeitgeber müssen heutzutage noch mehr lernen, die Potentiale ihrer Mitarbeiter optimal auszuschöpfen. Ich glaube ja fest an den Vier-Stunden-Arbeitstag – wenn ich mir überlege, wie viel meine Kollegen und ich damals in der Agentur prokrastiniert, Facebook aktualisiert, geraucht oder Kaffee gekocht haben, dann wäre ich easy in der Zeit mit allen Aufgaben fertig geworden.

Im Jahr 2015 gab eine Firma aus Großbritannien eine Studie in Auftrag, um zu ermitteln, wie viel Zeit Arbeitnehmer an einem Acht-Stunden-Tag tatsächlich effektiv arbeiten. Befragt wurden rund 2000 Angestellte. Das Ergebnis stützt meine These. Die Befragten arbeiteten nicht sechs, nicht vier, nein, sie arbeiteten zwei Stunden und 53 Minuten effektiv. Man wird also fürs Absitzen bezahlt. Und das ist auf Dauer unglaublich demotivierend.

Wer stolz gestresst vor mir steht und mir erzählt, was für ein Workaholic er sei und wie viele Stunden er im Büro verbringe (natürlich weit über die Arbeitszeit hinaus, denn man ist ja ein Arbeitstier), den kann ich nur mitleidig anlächeln angesichts dieser maßlosen Selbstüberschätzung und Tristesse.

Viele Menschen trauen sich schlichtweg nicht, Kontrolle abzugeben. Sie lassen sich immer noch an Zeiten messen und knüpfen das fatalerweise an Erfolg. So plagen sie sich Tag für Tag weiter in ihrem Hamsterrad. Erfolg hängt jedoch nicht von einer zeitlichen Investition ab, wie viele Arbeitgeber in veralteten Strukturen noch meinen, es sei denn, du bist Pfleger, Ärztin oder hast sonst irgendeinen Beruf, der an-

deren Menschen in der Not hilft. Für alle Büro- oder Agentur-
menschen, wie ich auch einer bin, gilt: Wer Ausgleich hat,
füttert das Gehirn, denn nur wenn wir entspannen, können
wir kreativ sein. Ideen und Konzepte entstehen dann, wenn
wir zur Ruhe kommen. Nutze diese Freiheit!

Ich muss gar nix

Ich muss, ich muss, ich muss ... Es ist noch gar nicht so lange
her, vielleicht drei Jahre, da ertappte ich mich mal wieder
dabei, wie ich einem Freund aufzählte, was ich noch alles
»muss«. Ich muss einkaufen, ich muss Wäsche waschen, ich
muss drei Kilo abnehmen, blablabla. In dem Moment machte
es Klick, und ich ersetzte das »muss« durch ein »will«. Niemand zwingt mich dazu, meine Wäsche zu waschen, aber
ich möchte es, weil ich gern saubere Schlüppis trage. Keiner
sagt, du musst einkaufen. Nein, ich will aber heute Abend so
gern Bratkartoffeln essen, und deshalb gehe ich noch kurz in
den Supermarkt.

Seit wir kleine Knirpse waren, wurde uns eingetrichtert,
dass manche Dinge einfach sein müssen und dass das nun
mal so sei, ob man wolle oder nicht. Wie falsch diese Autori-
täten doch lagen! Denn du musst gar nix, außer irgendwann
tot umfallen – daran geht noch kein Weg vorbei. Tu etwas
oder lass es. Egal, wofür du dich entscheidest, es hat Konsequenzen. Nehmen wir das Beispiel vom Abnehmen. Immer
wieder hört man: »Ich muss abnehmen.« Wer zum Henker
bestimmt, dass dies ein Muss ist? Wenn du aber sagst, ich
komme die Treppen nicht mehr hoch, ohne zu schnaufen,
ein paar Kilo weniger würden mir helfen, dann ist das eine

ganz andere Geschichte. Das herrische Wörtchen *muss* wird zu einem *will*. Ich will gesünder sein, und deshalb will ich abnehmen. *Muss* ist resolut und bestimmend, beim Wollen findest du aber einen Grund, um etwas zu tun. Die Vorfreude auf das Ergebnis steigt, und es fällt uns leichter, aktiv zu werden.

Dieser Mini-Wechsel von Müssen zu Wollen ist im Alltag Gold wert. Probier es einmal aus und eliminiere »müssen« aus deinem Wortschatz. Dein Gehirn wird sofort auf positive Gedanken umswitchen. Try it!

Denn: Du musst gar nix! Wenn du etwas willst, ist das etwas ganz anderes. Dann setzt du nämlich ungeahnte Kräfte frei.

Ich liebe es, neue Dinge auszuprobieren – sofern sie mich interessieren. Auch im Berufsleben ist das absolut bereichernd, und ich stürze mich lieber mutig auf eine neue Herausforderung, als gelangweilt am Schreibtisch zu versauern. Das bringt mich oft in enormen Stress und an die Grenzen meiner Kräfte, aber daran arbeite ich stetig. Schon als Studentin fand ich heraus, dass wir alle nur mit Wasser kochen. Ich bewarb mich für einen enorm gut bezahlten Studentenjob im Marketing, obwohl ich keine Ahnung hatte – ich war jung und wollte das Geld ... Tatsächlich habe ich mich im Bewerbungsgespräch so überzeugend und kompetent präsentiert, dass ich die Stelle bekam. Das führte dazu, dass ich eine Woche lang Marketingbücher wälzte, aber hey, danach war ich Expertin – zumindest fast.

Hab keine Angst vor Neuem. Wenn du es willst und dafür arbeitest, dann schaffst du es. Man sagt so schön: Glaub immer an deinen Traum. Allerdings kannst du lange glauben und träumen, wenn du deinen Allerwertesten nicht hochbekommst, um etwas dafür zu tun. Deshalb ist eine gute Mischung aus *Glaub an deine Träume* und *Von nichts kommt nichts* der richtige Weg.

Natürlich kannst du nicht alles, was du nicht vorher schon einmal gemacht hast. Zwischen *Kann ich nicht* und *Will ich nicht* besteht ein himmelweiter Unterschied. Während Zweiteres eine klare Entscheidung ausdrückt, entziehst du dich bei Ersterem deiner Verantwortung. Indem du *Kann ich nicht* sagst, begrenzt du dich. Und ein begrenztes Leben ist kein erfülltes. Gib die Kontrolle nicht ab, sondern arbeite an deinen Zielen, auch wenn es eine vermeintlich riesige Hürde zu überwinden gilt. Es lohnt sich so unglaublich und bereichert dein ganzes Leben.

Tipps gegen Prokrastination

Aufschieberitis, wer kennt sie nicht? Viele putzen übrigens die Wohnung, wenn sie anderen unliebsamen Aufgaben entgehen wollen. Prokrastination stresst tierisch, wenn wir uns ihr zu lange hingeben. Deshalb brauchen wir oftmals kleine Hilfestellungen, um sie auszutricksen.

Kleine Schritte

Wenn ich keinen Bock habe, dann gibt es keinen richtigen Zeitpunkt, um mit der Aufschieberitis Schluss zu machen. Lustlos und müde hänge ich herum und versuche, mir einzureden, dass es morgen vielleicht besser ist. Wird es nicht. Deshalb fange ich mit der vermeintlich leichtesten Aufgabe an.

Mir hilft es immer, Listen mit exakt benannten Aufgaben zu führen. Dann ist es konkret und auch kein Berg an Arbeit. Statt »Küche aufräumen« wäre der erste kleine Schritt beispielsweise »Spülmaschine ausräumen«, oder statt »Bürokram erledigen« definiere ich lieber einzelne Schritte, die mir schwerfallen, wie beispielsweise »Brief von der Krankenversicherung bearbeiten«. Ich bin so schlecht in sämtlichen bürokratischen Dingen, einen Arzttermin auszumachen oder einen wichtigen Brief wegzuschicken kann mich in gewissen Zeiten heillos überfordern. Da hilft es tatsächlich, Step by Step vorzugehen.

Jede Minute zählt

Wann, wo und wie will ich anfangen? Habe ich beispielsweise einen Artikel, den ich schreiben will, der mir aber schwerfällt, dann gehe ich minutiös vor. Zum Beispiel: Heute um 15 Uhr habe ich 30 Minuten Zeit, um zu Hause im Home-Office auf folgenden Websites zu recherchieren. Wichtig: Diese halbe Stunde wird am Anfang nicht überschritten.

Die 50-Prozent-Regel

Ihr macht euch einen Zeitplan für den Tag? Super! Vergesst aber bitte nicht, dass wir eigentlich für alles meist doppelt so lange brauchen, wie wir denken. Mit der 50-Prozent-Regel ladet ihr euch nicht zu viel Arbeit auf und managt eure Zeit realistisch. Am Abend könnt ihr die Liste abhaken und seid dadurch motiviert für den nächsten Tag. Unrealistische To-do-Listen frustrieren ungemein und sind mehr als kontra-produktiv, wenn wir über Prokrastination reden.

To-do-Listen & Zeitmanagement

Schauen wir uns das Thema To-do-Listen genauer an. Sie sollten wirklich realistisch sein. Sind wir im Flow, neigen wir dazu, noch eine Schippe draufzulegen. Das mag an manchen Tagen okay sein, habt ihr aber wirklich vollgepackte Wochen vor euch, dann solltet ihr unbedingt Grenzen ziehen. Ab einer bestimmten Uhrzeit wird nicht mehr gearbeitet. Nach sieben Stunden sollte spätestens Schluss sein, viel länger arbeitet kaum eine von uns effektiv. Nach euren Arbeitseinheiten ist Arbeit strikt verboten. Genießt eure Freizeit ohne schlechtes Gewissen – selbst, wenn eure heutige Arbeitszeit nur 45 Minuten betrug. Die bewusste Verknappung der Arbeitszeit kann sich äußerst positiv auf euren Workflow und eure Kreativität auswirken.

Tagebuch führen

Es hilft, zu protokollieren, wie du arbeitest. Du findest dabei nicht nur heraus, wie schnell du welche Aufgaben erledigst, sondern du ergründest auch, ob du wirklich arbeitest oder eher gedankenverloren herumsitzt. Schreib in dem Tagebuch auch auf, was dich ablenkt. Vielleicht hast du Hunger, das Telefon klingelt oder der Kollege kommt auf einen Plausch vorbei – alles Dinge, die dich aus dem Rhythmus bringen können. Gehe in schwierigen Phasen auch einmal in dich und ergründe, warum dir manche Aufgaben so schwerfallen. Bei mir und dem Papierkram ist das ganz klar: Mein Schreibtisch mutiert von Zeit zu Zeit zu einem unübersichtlichen Haufen, und ich müsste erst aufräumen, um jetzt den einen, bestimmten Brief von der Krankenkasse zu finden. Damit ich also eine vermeintlich kleine Aufgabe erledigen kann, müsste ich zuerst Ordnung schaffen. Das macht aus einem kleinen Brief ein großes Hindernis.

Belohne dich!

Vor dir liegt ein scheinbar unüberwindbarer Berg an Aufgaben? Belohne dich täglich für deine Arbeit! Es muss nicht die Prada-Tasche sein (das wäre für eine tägliche Belohnung tatsächlich etwas übertrieben), aber vielleicht macht dich ein Abendessen bei deinem Lieblingsitaliener happy. Oder ein Schaumbad. Ein selbstgebackenes Bananenbrot. Es gibt so viele Möglichkeiten, sich selbst eine Kleinigkeit zu gönnen!

Pausen

Pausen sind unglaublich wichtig – auch im Leben. Schon einige Mal habe ich zu oft Ja gesagt, einfach, weil ich alles machen wollte. Monatelang habe ich mich ununterbrochen geknechtet, bis ich am Ende erschöpft und ausgelaugt war. Pausen sind nicht unproduktiv. Wer sich wirklich erholt, der lädt nicht nur seine Akkus auf, sondern wird auch wieder kreativ, entwickelt neue Ideen und arbeitet erfolgreicher. Außerdem machen Pausen glücklich.

Auch wenn du das Gefühl hast, keine zu benötigen, halte dich an vorher festgelegte Pausenzeiten. In der Ruhe liegt die

Kraft, oder in unserem Fall die Ideen, die Konzepte und die Motivation. Wenn wir einen Tag ohne Auszeiten verbringen, dann steigt die Fehlerquote, und die tatsächliche Produktivität sinkt. Wir wollen effektiv sein, indem wir ununterbrochen ackern, erreichen aber nur scheinbar mehr. Finde also heraus, welche Pausenlänge für dich optimal ist. Als Faustregel gilt, dass du etwa alle 30 bis 90 Minuten eine kurze Pause von mindestens fünf Minuten einlegen solltest. Steh auf, beweg dich, atme. Alle zwei bis drei Stunden ist eine längere Pause sinnvoll. Überleg dir außerdem, wie du deine Pause verbringen willst. Manchmal tut es gut, allein zu sein, ein anderes Mal will ich mich vielleicht mit einer Freundin zum Kaffee treffen. Achte darauf, was du an diesem Tag brauchst.

Dem eigenen Biorhythmus folgen

Nutze deine Hochphasen! Ich bin morgens am produktivsten. Deshalb erledige ich dann alle Aufgaben, die mir schwerfallen oder für die ich mich besonders konzentrieren muss. Wer seinen Biorhythmus kennt, der bringt mehr Leistung und arbeitet entspannter.

Spannend ist, dass unsere Leistungsfähigkeit im Laufe des Vormittags ansteigt, auch bei den Morgenmuffeln und bei denen, die zu wenig oder schlecht geschlafen haben. Das erste Leistungshoch haben wir etwa um zehn oder elf Uhr. Mittags sinkt unsere Leistung und steigt dann noch mal zwischen 16–17 Uhr auf ein Hoch. Mach also ruhig eine Siesta, wenn dir danach ist.

Räum deinen Schreibtisch auf!

Hast du keine Möglichkeit, dich ablenken zu lassen, dann arbeitest du auch leichter. Halte deshalb Ordnung auf deinem Schreibtisch. Ich neige dazu, Briefe und Dokumente auf dem Schreibtisch zu stapeln, weil es einfach nicht in meiner Natur liegt, diese sofort wegzusortieren oder abzuheften. Das führt dazu, dass der Schreibtisch still und leise zu einer riesigen Ablagefläche wird und schließlich so zugemüllt ist, dass ich nicht mehr daran arbeiten kann. Ich habe mir daher kürzlich Hängeregister besorgt, beschriftet und neben den Tisch ins Regal gestellt. Mit dieser Box fällt es mir viel leichter, Ordnung zu halten. Finde also für dich ein System, das dir das Aufräumen erleichtert. Auf deinem Schreibtisch sollten wirklich nur die Unterlagen liegen, die du für deine anstehenden Aufgaben benötigst. Dann hast du alle Werkzeuge an der Hand, um optimal zu agieren, und kein unnötiges Material raubt deine Aufmerksamkeit und verzögert deine Arbeit.

Hilfe suchen

Es gibt Menschen, die brauchen Hilfe, weil sie sich wirklich allein nicht mehr aufraffen können. Einer meiner besten Freunde kam in einen Teufelskreis von Prokrastination und Lampenfieber, weil er so lange alles aufschob, bis es für den zu haltenden Vortrag zu spät war, er sich nicht richtig vorbereitet hatte und so furchtbare Angst bekam, dass er einfach nicht auftauchte. Oftmals neigen Menschen, die viel aufschieben, zu Depressionen. Die Depression ist plötzlich allgegenwärtig, und natürlich klappt dann gar nichts mehr, weil der Mensch zu erschöpft ist. Hier solltet ihr nicht zögern, einen Profi in Gestalt eines Psychologen zu Rate zu ziehen. Das ist allerdings auch alles andere als einfach, weil die meisten Psychologen bis zum Gehtnichtmehr ausgebucht sind.

Am besten macht ihr euch eine Liste mit Telefonnummern. Wenn ihr das nicht schafft, dann holt euch eine Vertrauensperson dazu, die mit euch recherchiert und notfalls auch für euch anruft. Es ist kein Zeichen von Schwäche, nach Hilfe zu fragen!

Datenchaos

Wir haben teilweise so viel Müll auf unseren Computern, dass eine Reinigung hier ab und an wahre Wunder wirkt. Ich bin ganz gut mit meinen E-Mails, an anderen Stellen hapert es hingegen gewaltig.

Datenberg sinnvoll unterteilen

Zuerst einmal gilt es, sinnvolle Einheiten für den Datenberg zu finden. Hier gibt es verschiedene Möglichkeiten, die du für dich selbst festlegst. Ich unterteile meine Daten in Privat, Blog, Sprecherjobs und Vorträge sowie meine Texte, die ich schreibe. Ich arbeite an einem Laptop, dem eine übersichtliche Aufteilung sehr guttut. Außerdem will ich auch nicht, dass dieser innerhalb kürzester Zeit ins Schneckentempo übergeht, weil ich ihn komplett mit Dateien überfrachte.

Auch auf dem Smartphone habe ich verschiedene Ordner für Social Media, Apps für meine Arbeit, Fotobearbeitung und mehr. Schafft euch hier eigene Kategorien, um Apps sinnvoll zu bündeln. So könnt ihr übersichtlich und schnell navigieren.

Desktop

Ich gehörte einmal zu den Menschen, die alles wild auf ihrem Desktop ablegten, bis dieser so voll war, dass nichts mehr ging. Dann nervte es mich tierisch, hier wieder Ordnung zu schaffen, und ich hatte gar keine Lust, meinen Laptop aufzuklappen, weil mir dieses Chaos sofort entgegensprang. Deshalb habe ich nun auch auf dem Desktop Ordner geschaffen, in die ich schnell meine aktuellen Dateien hineinpacken kann. Dazu baue ich mir auch immer Unterkategorien auf. Beispielsweise hat mein Arbeitsordner Unterteilungen wie Texte, Buchhaltung, wichtige Dokumente, Verträge und weitere. Wichtig: Auf dem Desktop haben Dokumente, Dateien und Fotos nichts zu suchen. Das ist der Beginn vom Untergang. Ordnerstruktur ist das Zauberwort.

Ordnerstruktur

Bei meinem Arbeitsordner schaffe ich es sehr gut, meine angelegte Ordnerstruktur einzuhalten, bei anderen Ordnern ziehe ich das leider nicht immer konsequent durch. Wie du deine Ordner strukturierst, hängt ein wenig von deinem Browserverhalten ab, du musst das Rad definitiv nicht neu erfinden. Die meisten Betriebssysteme haben schon eine vorgegebene Struktur, ich bevorzuge jedoch eine noch genauere Unterteilung. Bei mehr als sieben Unterordnern pro Ordner wird es unübersichtlich. Geht hier lieber nicht zu sehr in die Tiefe, das kann unvorteilhaft sein. Was immer hilft, sind Ordnernamen mit Datum (JJJJ-MM-TT) und Projektnamen. So hast du direkt alle Ordner sortiert.

Da ich wahnsinnig viele Bilder produziere, unterteile ich hier meine Ordner in Jahr, Monat und Inhalt des Shootings. Am Ende des Jahres wird jeweils der Vorjahresordner auf eine externe Festplatte gezogen, damit mein Computer das Datenvolumen noch bewältigen kann.

Aussortieren

Ohne Aussortieren und Löschen der unnötigen Daten kann keine Ordnung entstehen. Weg mit ungenutzten Apps, doppelten Dokumenten oder unnötigen Programmen. Den meisten Speicherplatz nehmen bei mir Fotos ein. Heutzutage knipsen wir oft, ohne nachzudenken, schicken unseren Freunden mehrmals am Tag Schnappschüsse aus unserem Leben und merken oft gar nicht, wie der Speicher mehr und mehr zugemüllt wird. Gehen eure Daten direkt in eine Cloud, so ist das wie früher beim Aufräumen, bevor Mama zur Kontrolle kam. Da wird einfach alles in einen Schrank gestopft in der Hoffnung, dass es keiner entdeckt. Falsche Methode. Ihr seht es zwar nicht mehr, das Chaos ist jedoch immer noch da. Auch in einer Cloud kann es sein, dass irgendwann der Speicher knapp wird. Deshalb: Löscht regelmäßig Fotos und geht doch auch einfach mal wieder dazu über, Fotos bewusst zu schießen. Und wenn ihr überladen seid mit Memes, Videos, Fotos und Co., dann nutzt doch beispielsweise die Zeit in der U-Bahn, um hier kurz reinen Tisch oder, besser gesagt, reines Tablet zu machen.

Mail-Account

Ich bin relativ gut mit meinen Mails, das liegt aber daran, dass ich diese kleine rote Zahl nicht sehen kann, die Post anzeigt, ohne darauf zu klicken. Das ist wiederum schlecht für mein Onlineverhalten, weil ich quasi nie auf LinkedIn, Facebook und Instagram gehen kann, ohne dass minütlich etwas Neues passiert – dazu kommen wir aber gleich beim Thema Digital Detox. Zurück zu den Mails. Ich war komplett schockiert, als ich auf dem Rechner einer Freundin über dem Mail-Account eine rote Zahl entdeckte, die sage und schreibe 14 164 ungelesene Mails anzeigte. Ein absolutes Unding für mich.

Ich bekomme am Tag um die 300 Mails, einen wilden Mix aus Anfragen, News, Kundenabsprachen, Pressemitteilungen und ein wenig Spam. Ich werde irre, wenn ich hier keine Ordnung halte. Deshalb werden alle Newsletter, die ich nicht lese, rigoros abbestellt. Falls ihr einen Newsletter vermisst, könnt ihr ihn in Nullkommanix wieder abonnieren.

Wichtige Mails, die ich nicht sofort beantworten kann, bekommen eine Markierung, und auch hier achte ich darauf, dass es maximal 100 markierte Mails sind, die sich in einer Woche ansammeln. Hier könnt ihr für die Markierung auch unterschiedliche Farben verwenden. So bedeutet rot beispielsweise, dass ihr zeitnah antworten solltet, und blau, dass ein paar Tage völlig okay sind, bevor ihr euch dieser Mail widmet. Ich lese tatsächlich alle Mails sofort, um dann eine sinnvolle Unterteilung zu finden. Um effektiv zu arbeiten, solltet ihr euch übrigens E-Mail-Zeiten einrichten und diese auch strikt einhalten. Ich muss das immer wieder lernen, denn ich lasse mich von einer neu aufpoppenden Mail zu schnell ablenken, es könnte ja was Superspannendes sein – ist es meistens nicht, ich kann euch beruhigen.

Euren Mail-Account solltet ihr regelmäßig von diversen Megabytes befreien. Lasst euch die Mails nach Größe anzeigen, und löscht bewusst alles, was ihr nicht mehr braucht. Manche Menschen schicken mir Mails mit 23 MB, das ist für mich ein Unding. Bitte versendet, wenn möglich, keine Mails, die mehr als acht MB haben, euer Adressat wird es euch danken. Vergesst beim Löschen nicht euren Postausgang! Und ganz am Ende den Papierkorb entleeren, damit auch wirklich alles weg ist.

Online-Speicher

Ich erwähnte bereits die Cloud. Eine Cloud bekommt ihr bei vielen Anbietern, ob Google, Dropbox, Apple oder sonst was. Eine Cloud ist eure digitale Abstellkammer. Hier könnt ihr gratis oder für wenig Geld Daten sichern. Seid euch aber bewusst, dass das wahllose Abladen von Daten in eure digitale Kammer keine echte Erleichterung ist, wenn ihr etwas sucht. Hier hilft es tatsächlich, sich auf den hübschen Popo zu setzen und doch mal die 500 Urlaubsbilder durchzugehen, um letztendlich die schönsten 60 auszuwählen.

Dokumente

Auf dem Computer, aber auch auf meinem Smartphone, befinden sich einige Daten, die ich einfach nicht mehr benötigte. Zu meinem Datenmüll gehören Flug- und Bahntickets, alte Präsentationen, diverse PDFs und mehr. Ich besitze eine

Smartphone-App, mit der ich Dokumente scanne, diese allein hat schon über 100 Dateien abgespeichert – die brauche ich nie wieder im Leben, weil ich die Scans danach an meinen Rechner schicke. Schaut also auch ab und an in die Tiefen eurer Smartphone-Speicher, hier ist großes Potential, um auszumisten.

USB-Sticks

Die guten, alten USB-Sticks. Mein Laptop hat nicht einmal mehr einen Slot dafür, trotzdem tummeln sich die Dinger in meiner Schreibtischschublade. Schaut die Daten durch, hebt auf, was nötig ist, und verteilt es auf eure Ordnerstruktur auf dem PC. Das Gefühl, zu wissen, dass die Sticks frei von Daten sind, ist super. Sonst fragt ihr euch nämlich immer wieder, wenn ihr eines der Dinger entdeckt, was sich wohl darauf befinden könnte. USB-Sticks sind zum kurzen Austausch von Daten auf verschiedenen Geräten perfekt, um dauerhaft Daten zu sichern, eignet sich eine externe Festplatte weitaus besser.

Backups erstellen

Backup?! Brauch ich nicht. Meine Daten sind sowieso doppelt und dreifach auf allen möglichen Geräten verteilt. Das ist tatsächlich unübersichtlich und unsicher. Das Manuskript für dieses Buch habe ich mir immer wieder abends per E-Mail geschickt und natürlich dabei die vorige Mail mit dem Manuskript gelöscht, damit es auch hier übersichtlich bleibt. Für aktuelle Projekte, die umfassend sind, mag das eine Lösung sein, sobald ihr aber auch hier ein gewisses Datenvolumen überschreitet, bietet sich die Cloud oder eine externe Festplatte an. Manche Computerprogramme starten übrigens automatisch das Backup, sobald eine externe Festplatte eingeschaltet wird. Beispielsweise funktioniert das Programm Time Machine auch ohne externe Festplatte, dann erstellt das Programm alle paar Stunden ein Backup, welches auf einem partitionierten Teil der internen Computer-Festplatte gespeichert wird.

Digital Detox

Es so unglaublich wichtig, dass wir uns regelmäßig von all den Reizen und Einflüssen reinigen, die wir erleben, wenn wir uns online tummeln. Ich arbeite im Online-Business und bin daher noch mehr online als meine Freunde und Familie. Wenn ich mal ein paar Stunden ohne Smartphone bin, gleicht das einem kleinen Wunder. Mein Problem: Überall passiert etwas. Ich könnte minütlich auf meinen Instagram-Account schauen und hätte neue Likes oder Nachrichten, ständig kommen neue Mails herein und wollen gelesen werden, dies und das wollte ich noch googeln und und und. Ich kann dieser kleinen roten Zahl nicht widerstehen, die eine neue Aktivität anzeigt. Den Weg zur Arbeit nutze ich zum Lesen von Online-Nachrichtenseiten, ich beantworte Nachrichten in der Familien-Whatsapp-Gruppe und betreibe nebenbei noch Online-Shopping. Das ist kein Multitasking, das ist krank. Meine Kunden sind es gewohnt, dass ich stets schnell antworte. Mit der ständigen Verfügbarkeit geht also auch eine ständige Erreichbarkeit einher.

Selbst wenn ich abends nicht mehr antworte, lese ich die Mail. Ich habe mir seit neuestem eine Bildschirmzeit eingerichtet, die nach 19 Uhr bis sieben Uhr morgens alle Apps sperrt. Diese Sperre ist leicht zu umgehen, aber schon allein der Fakt, dass sich die Farbigkeit der App auf dem Bildschirm verändert und ein kleines Schloss an der Seite haftet, hilft mir, dem Drang zu widerstehen. Ich habe es verlernt, mich anders zu beschäftigen, ich habe verlernt, aufmerksam zu lesen (weil ich alles nur noch höre und nebenbei auf dem Telefon herumspiele), ich habe verlernt, offline zu sein. Das ist traurig und auf Dauer wirklich ungesund. Deshalb nehme ich mir mittlerweile bewusste Auszeiten von der Online-Welt und all ihren verführerischen Links. Eine selbstbestimmte Auszeit ohne Smartphone, ohne Laptop, ohne Internet.

Im Küchenkapitel habe ich euch von meiner Mayr-Kur erzählt. Diese Zeit im Jahr nutze ich auch für ein kleines Digital Detox. Da ich selbstständig arbeite, will ich regelmäßig bestimmte Dinge erledigen und up to date sein, also erlaube ich mir eine Stunde Online-Zeit am Tag. Trotzdem habe ich einen Abwesenheitsassistenten für meine E-Mails, der alle Anfragenden erst einmal vertröstet, bis ich zurück bin. Hier beantworte ich nur Nachrichten, die laufende Projekte betreffen. Und den Rest der Zeit? Tja, am Anfang ist es immer schwer, ich weiß nicht so recht etwas mit mir anzufangen und bin wahnsinnig unruhig. Ein Spaziergang ohne Smartphone? Was, wenn das perfekte Fotomotiv am Waldrand lauert?! Warten auf die nächste Massage, ohne online Artikel zu lesen? Superlangweilig. Die Nachmittagsruhe genießen, ohne Instagram-Nachrichten zu beantworten? Neuland. Ich bin so ein Knecht dieses kleinen Geräts, dass es kracht. Aber nach ein paar Tagen stellt sich Ruhe ein, und ich kann plötzlich wieder dasitzen und beobachten, ich kann ein Buch lesen oder in die Natur gehen, ohne überall Fotooptionen zu sehen. Ich reinige meinen Körper von all den Einflüssen, die mich dazu zwingen wollen, das Smartphone nicht mehr aus der Hand zu legen.

Euer eigenes Nutzungsverhalten könnt ihr über die Funktion Bildschirmzeit auf dem Smartphone analysieren. Auch die Hersteller haben erkannt, dass das ständige Online-Sein für viele mit Stress verbunden ist und wir uns ab und zu eine Auszeit wünschen. Dieses Tool gibt euch einen guten Überblick.

Wer es alleine nicht schafft und mehr Unterstützung braucht für die eigene Disziplin, der kann sich zum Start ins Offline-Leben in ein Digital-Detox-Hotel einbuchen. Beim Einchecken werden bereitwillig alle internetfähigen Dinge abgegeben, damit keine Versuchung aufkommt. Die Tourismusbranche ist längst auf diesen Trend aufgesprungen und bietet, neben dem digitalen Entgiften, weitere Aktivitäten wie Yoga, Meditation oder Ayurveda an. All das hilft, den Alltagsstress zu vergessen und ganz bewusst im Hier und Jetzt zu leben. Dazu gehört die bewusste Wahrnehmung der Umwelt, aber auch echter sozialer Austausch, Face-to-Face mit anderen Menschen. Als Reiseziele eignen sich vor allem Orte, an denen es sowieso kaum Internetempfang gibt. Ihr glaubt, mittlerweile gibt es überall Zugang zum Netz? Dann seid ihr noch nicht im tiefsten Brandenburg gewesen.

Tatsächlich kommt der Trend zum Digital Detox aus dem Silicon Valley in Kalifornien. Dort fand 2013 zum ersten Mal das Camp Grounded statt, das Menschen, die viel vor dem Bildschirm sitzen, eine Auszeit bieten sollte. Ein Camp für Erwachsene mit Aktivitäten wie Klettern und Bogenschießen, umgeben von Natur und Lagerfeuerromantik. Ein

Ferienlager für Erwachsene. Auch im deutschsprachigen Raum gibt es seit einigen Jahren ähnliche Angebote.

Durch die Abstinenz fällt es uns wie Schuppen von den Augen, wie oft wir zum Handy greifen. Das Bewusstsein für den eigenen Medienkonsum wird geschärft, und der Verzicht auf Smartphone, Laptop und Co. ist schön und gut, um den eigenen Stresspegel zu senken. Jetzt gilt es jedoch, im Alltag nicht in alte Muster zu verfallen, denn dann verpufft die Entspannung sofort. Wie wäre es daher mal wieder mit einem oldschool Wecker am Bett? Ihr solltet euch – gerade wenn ihr wie ich online arbeitet – täglich mindestens zwei Stunden nehmen, in denen das Internet tabu ist. Wer total ambitioniert ist, nimmt sich das Wochenende »frei« vom Internet. Das habe ich in den letzten Monaten eingeführt, und ich kann euch vergewissern: Niemand, aber auch gar niemand vermisst euch, wenn ihr zwei Tage offline seid. Findet neue Strategien, um abends von einem anstrengenden Tag runterzukommen. Ich habe ein Ritual, bei dem ich eine bestimmte Duftkerze anzünde, sobald ich wirklich Feierabend habe und nichts mehr erledigen will. Sobald diese Kerze brennt, wird der Stress verbannt. Weg mit dir, Instagram, hau ab, Facebook, Tschüss, E-Mails – wir sehen uns morgen. Statt Twitter zwitschern wieder echte Vögel.

Fokussiert arbeiten

Nirgendwo sonst sind wir so stark mit Stress konfrontiert wie in unserem Arbeitsleben. Schnell noch diese eine Sache erledigen, den Anruf tätigen, die Präsentation fertig machen, die Mail beantworten, dieses Meeting besuchen oder jenen

Kunden treffen. Vor lauter Möglichkeiten und immer länger werdenden To-do-Listen verlieren wir den Überblick und vergessen leicht die Aufgaben, die tatsächlich erledigt werden müssen. Wir müllen uns zu mit unstrukturierter Arbeit. Daher lohnt ein Blick auf bewährte Techniken, die uns dabei helfen, fokussiert zu arbeiten, zu priorisieren, den Überblick zu behalten und einen Arbeitstag weniger gestresst, sondern im Gegenteil mit neuer Motivation zu beenden.

Eat the Frog – Iss den Frosch

Eat The Frog ist eine simple und gleichzeitig sehr wirkungsvolle Methode.

The Frog bezeichnet die Aufgabe, die dir entweder am schwersten fällt, die besonders viel Zeit und Energie frisst oder für die du am meisten Überwindung brauchst. Du bestimmst, was der *Frog* ist. Bei mir sind das Dinge wie Steuererklärung (wer bitte mag das schon?!), ein lästiges Telefonat oder der Brief an meine Hausverwaltung, den ich längst schreiben und abschicken wollte.

Wir neigen dazu, unliebsame Aufgaben immer weiter nach hinten zu schieben. Das geht dann oftmals so weit, dass wir sie gar nicht erledigen. Das Problem bleibt jedoch, und die nicht erledigte Aufgabe sorgt im Hintergrund für unnötigen Stress und nicht selten auch für unangenehme Gefühle.

Das *Eat the Frog*-Prinzip geht auf den amerikanischen Autor und Erfolgscoach Brian Tracy zurück, der bereits vor mehr als 15 Jahren ein ganzes Buch über die Methode schrieb. Das Credo ist denkbar einfach: Die unangenehmste Aufgabe des Tages wird als Erstes erledigt.

Die Vorteile

Unangenehme Aufgaben, die nicht erledigt werden, türmen sich zu einem Berg. Einem Berg voller negativer Gefühle. Sobald man den Frosch gefressen hat, wird alles leichter.

- Die Aufgaben werden besser und machen mehr Spaß.
- Dein Zeitmanagement verbessert sich.
- Deine Motivation bekommt einen Extraschub, und du fühlst dich gestärkt für den Tag.
- Deine Prioritäten sind klar gesteckt, und die Arbeit wird entsprechend erledigt. Heute kann dir keiner mehr was!

So arbeitest du mit Eat the Frog

Erkenne den Frosch: Frage dich, welche Aufgabe würde ich am liebsten verschieben?

Überfordere dich nicht: Wenn die Gesamtaufgabe zu groß ist, ist es kein Problem, kleinere Teilaufgaben zu schaffen. Jeder Schritt zählt.

Belohne dich selbst. Hast du eine wirklich unangenehme Aufgabe geschafft, erkenne das auch an.

Dokumentiere oder teile deine Antwort. Um am Ball zu bleiben und die Motivation für die Eat-the-Frog-Methode hochzuhalten, ist es wichtig, dass du auch dementsprechend etwas zurückbekommst. Erzähle deswegen Freunden, Kollegen oder deinem Partner von deinem Erfolgserlebnis. Hake zusätzlich deine To-do-Liste ab.

Pomodoro-Technik

Die Pomodoro-Technik, auf Deutsch Tomaten-Technik, zielt auf unsere Produktivität ab. Die Wissenschaft belegt, dass wir produktiver sind, wenn wir regelmäßig Pausen einlegen. Deswegen schlägt die Pomodoro-Technik vor, in Intervallen zu arbeiten. Diese Methodik geht auf den italienischen Unternehmer Francesco Cirillo zurück, der bereits in den Achtzigerjahren auf die Tomate schwor. Warum eine Tomate? Ganz einfach: Cirillo benutzte für das Stoppen seiner Intervalle eine Küchenuhr in Tomatenform. So war die Pomodoro-Technik geboren.

Ich wende die Pomodoro-Technik auf alle Aufgaben an, die umfangreich sind und mich viel Zeit kosten werden – ein längerer Artikel, eine Präsentation für einen Vortrag, Strategieentwicklung und so weiter.

So funktioniert es: Zu Beginn deiner Aufgabe notierst du dir stichpunktartig, was dafür alles erledigt werden muss. Danach gilt: Zeit stoppen. Eine Pomodoro-Einheit hat 30 Minuten. Nach jeweils 25 Minuten machst du fünf Minuten Pause. In dieser Pause hakst du ab, was du schon alles erledigt hast, dehnst und streckst dich und machst, was dir sonst eben guttut. Sind vier dieser 30 Minuten Einheiten, sogenannte Pomodori, vorbei, machst du eine 30-minütige Pause.

Die Pomodoro-Technik hilft immens, um wirklich fokussiert zu arbeiten. In den 25 Minuten Arbeitszeit konzentrieren wir uns einzig und allein auf die Aufgabe und schalten jegliche Ablenkung aus, die uns im Arbeitsalltag gern mal begegnet. 25 Minuten sind gut zu schaffen, es ist ein verhältnismäßig kleiner Rahmen, um die verlockende Welt um einen herum auszublenden.

Die Vorteile

Die Pomodoro-Technik zwingt uns zum Fokus. Wir können damit ganz verschiedene Aufgaben erledigen, es ist also eine sehr flexible Methode.

- Der Zeitraum ist nicht zu lang, um in Arbeit zu ertrinken, aber auch nicht zu kurz, um nichts zu schaffen.
- Wir werden leistungsfähiger, weil wir unserem Körper, vor allem unserem Gehirn, die notwendigen Pausen gönnen.
- Wir haben das Gefühl, richtig gut etwas zu schaffen.
- Wir bekommen ein besseres Zeitgefühl, Zeitfresser werden eliminiert.

So arbeitest du mit der Pomodoro-Technik

Wähle entweder eine Aufgabe, die in genau 25 Minuten zu schaffen ist, ein großes Projekt, das mehrere Einheiten benötigt, oder mehrere kleine Aufgaben, die gut in 25 Minuten zu erledigen sind.

Nimm dir nicht zu viel vor. Bleib bei der Einschätzung der 25 Minuten realistisch, sonst kann es sein, dass diese Methode für dich demotivierend ist. Die Aufgabe soll unbedingt in dem Zeitfenster zu schaffen sein.

Umso länger du dich am Stück konzentrieren kannst, umso erfolgreicher werden die Aufgaben erledigt.

Eliminiere Ablenkungen, so gut es geht: Blende Umgebungsgeräusche wenn möglich aus, indem du beispielsweise Kopfhörer aufsetzt oder Türen und Fenster schließt. Stell dein Telefon auf lautlos und leg es bestenfalls weit von dir weg.

Wenn du in einem Angestelltenverhältnis bist, sprich die Technik mit deinem Chef ab. Erkläre Chef und Kollegen, warum du für einen gewissen Zeitraum nicht gestört werden willst. Wer weiß, vielleicht inspirierst du auch dein Team dazu, diese Methode auszuprobieren.

Wenn sich die 25 Minuten für dich, gerade am Anfang, nicht so gut eignen, dann verkürze den Zeitraum und finde heraus, mit welchem Zeitfenster du besser klarkommst.

Eisenhower-Matrix

Die Eisenhower-Matrix zielt wie die Frosch-Methode auf die Priorisierung von Aufgaben ab. Je bewusster dir wird, was wirklich wichtig ist, desto eher kannst du fokussiert arbeiten.

Namensgeber und Erfinder ist tatsächlich kein Geringerer als der ehemalige amerikanische Präsident Dwight D. Eisenhower. Er kam zu der Erkenntnis, dass sich alle Aufgaben in einer einfachen Matrix mit vier Quadranten widerspiegeln lassen. Dabei wird lediglich in Dringlichkeit und Wichtigkeit unterschieden. So entstehen die vier Felder »Dringend und wichtig«, »Nicht dringend, aber wichtig«, »Dringend, aber unwichtig« und »Nicht dringend und unwichtig«. Diese vier Quadranten wiederum lassen sich mit etwas Übung relativ leicht bearbeiten.

- Dringend & wichtig – erledigen
- Nicht dringend, aber wichtig – terminieren
- Dringend, aber unwichtig – delegieren (falls möglich)
- Nicht dringend & unwichtig – löschen oder ablegen

Die Vorteile
- Es fällt dir leichter, Entscheidungen zu treffen.
- Du bekommst eine gute Übersicht über die anstehenden Aufgaben.
- Deine Prioritäten sind klar ersichtlich.
- Projekte und Aufgaben können klar gewichtet und damit auch besser von verschiedenen Leuten erledigt werden.
- Zeitfresser werden schnell erkannt und eliminiert.

So arbeitest du mit der Eisenhower-Matrix

Übe dich in der Priorisierung von Aufgaben. Sei ehrlich mit dir selbst, ob diese oder jene Aufgabe wirklich wichtig ist und schnell erledigt werden muss.

Überlege dir gut, an wen du Aufgaben delegierst. Nur weil eine Aufgabe für dich unwichtig erscheint, sollte sie nicht verantwortungslos bearbeitet werden.

Benutze für die Methodik keine zu komplexen Aufgaben. Die Eisenhower-Matrix eignet sich nicht für jedes Projekt.

Aufgaben oder anderes, das im Quadranten »Nicht dringend & unwichtig« landet, könnt ihr oftmals tatsächlich entsorgen. Wenn du dafür zu gewissenhaft bist, kannst du diese Dinge auch abheften. Versuch aber wirklich zu lernen, dass du Dinge auch loslassen kannst, ohne dass etwas Schlimmes passiert.

Dinge, die terminiert werden, solltest du nicht auf die lange Bank schieben. Terminierung bedeutet, dass diese Aufgaben in den nächsten Tagen erledigt werden.

Nein sagen

Warum fällt es uns so schwer, Nein zu sagen? Wenn uns jemand um etwas bittet, sagen wir viel zu oft *Ja*, obwohl wir eigentlich *Nein* meinen. Besonders im Job fällt mir das auf. Ich bekomme ein Angebot für einen tollen Auftrag und sage Ja. Ich bekomme noch eines und sage wieder Ja. Und so geht das immer weiter, bis ich komplett mit Arbeit überladen bin. Ich will mir einfach keines der tollen Projekte entgehen lassen und neige dazu, mich regelmäßig zu überfordern. Das ist auf Dauer schädlich und kann im schlimmsten Fall zum

Burn-out führen, wenn wir unserem Körper und Geist keine regelmäßigen Ruhephasen gönnen.

Oft sagen wir auch Ja, weil wir gern als hilfsbereite Person wahrgenommen werden möchten. Was wir alle lernen müssen, ist Folgendes: Wir sind keine selbstsüchtige Egoistin, nur weil wir auch mal Nein zu etwas sagen. Wer sich selbst zum einen achtet und zum anderen dadurch auch auf sich achtgibt, der benötigt eine gesunde Portion Egoismus. Egoismus bedeutet also, dass du deine persönlichen Grenzen im Blick hast und dich selbst nicht überforderst. Dazu gehört, dass du in herausfordernden Situationen deine eigenen Prioritäten höher ansetzt. Dadurch schaffst du dir Raum für deine eigenen Bedürfnisse. Du selbst kannst am besten einschätzen, wann Schluss ist.

Es gibt mehrere Gründe, warum wir die Bitten und Angebote anderer Personen oftmals schlecht ausschlagen können. Der Hauptgrund für die meisten ist wohl die Angst vor Ablehnung. Wir wollen keinen Konflikt provozieren und niemanden vor den Kopf stoßen. Das ist oftmals ein Trugschluss. Als ich noch in der Agentur gearbeitet habe, hatte ich eine sehr resolute Vorgesetzte, die meiner Ansicht nach oft chaotisch die Aufgaben im Team delegierte. Es war nicht nur chaotisch, es war teilweise auch zeitfressend und unsinnig. Dennoch sagte ich viel zu oft Ja zu meinen Aufgaben, obwohl ich ihr viel lieber eine sinnvolle Einteilung vorgeschlagen hätte. Ich sagte auch Ja, obwohl ich schon komplett dicht war in meinem Zeitplan. Und schlussendlich nahm ich auch ihre Einschätzung meiner Arbeit im Mitarbeitergespräch hin, obwohl ich wusste, dass diese unfair und nicht zu meinen Gunsten waren. Wenn ich meinem jüngeren Arbeits-Ich also einen guten Rat geben könnte, dann wäre dieser: *Sag Nein. Tritt für deine Meinung ein.*

Heute habe ich keine Probleme damit, mich (möglichst konstruktiv) kritisieren zu lassen, egal, wer vor mir sitzt, ich kann selbstbewusst für mich sprechen, weil ich in all den Jahren erlebt habe, was ich kann und was mich auszeichnet. Auch meine Schwächen kenne ich. Keine Angst vor Konfrontation – *Nein sagen* bedeutet nicht nur, gewisse Bitten abzuschlagen, sondern auch, deine eigenen Ansichten ehrlich zu äußern, wenn dich jemand beurteilt.

Ein zweiter Grund dafür, dass wir eher Ja als Nein sagen, ist, dass wir uns dadurch Bestätigung einholen wollen. Wir haben das Gefühl, gebraucht zu werden. Während der erste Grund mit der Angst vor Ablehnung für mich persönlich hauptsächlich im Berufsleben eine Rolle spielt, so ist die Sache mit dem Gebrauchtwerden eher in meinem Privatleben zu finden – zum Glück habe ich mich von diesen falschen Gedanken aber gereinigt. Mann, Mann, Mann, hatte ich schnell ein schlechtes Gewissen, wenn ich diese Freundin nicht anrief, jenem Kumpel nicht beim Umzug half oder nicht auf die Party mitwollte. Man wird ja gesellschaftlich auch schnell mal unter Druck gesetzt, weil zu viele Menschen glauben, dass wir alle gleich funktionieren und deshalb in Schema F passen müssen. Davon habe ich mich befreit. Wenn ich Ja sage, dann aus vollem Herzen und mit ganzem Einsatz. Niemand hat etwas von mir, wenn ich mich auf die Party schleppe, aber nur müde im Eck herumsitze. Wenn ich meine Freundin nur anrufe, weil sie das von mir erwartet, dann müssen wir erst einmal grundsätzlich unsere Freundschaft hinterfragen, denn ich bin nun mal kein Mensch, der dreimal pro Woche telefonieren muss. Wir alle sind eigenständige Wesen und sollten dringend damit aufhören, anderen Menschen den eigenen Lebensentwurf aufzuzwängen. Nein sage ich dazu. Ganz laut! Wenn euch übrigens wirklich jemand ablehnt, nur weil ihr Nein sagt, dann war es diese Beziehung wahrscheinlich auch nicht wert, dass man zu ihr Ja sagt.

Das Ja-Sagen manifestiert sich oft schon im Kindesalter. Wenn nämlich Kinder durch Nein-Sagen Liebesentzug oder Ablehnung erfahren, dann lernen sie, dass ein Ja unkomplizierter und angenehmer ist. Dabei ist ein Nein doch überhaupt nichts Verwerfliches. Nein-Sager sind selbstbewusste Menschen, die keine Angst vor Ablehnung haben, weil sie bewusst Entscheidungen treffen und sich nicht über die Anerkennung anderer definieren. Mit einem klaren Nein setze ich eine Grenze und gebe meinem Gegenüber eine klare Antwort. Ich allein weiß um meine momentane Energie, und ich teile meine Zeit ein. Mit jedem Nein sagst du Ja zu dir selbst.

Nur wenn du deine Grenzen kennst und absteckst, gerätst du nicht in Dauerstress, weil du zu viele Aufgaben bewältigen musst – egal, ob privat oder beruflich. Wenn euch jemand mit einer Bitte überrumpelt, dann antwortet, dass ihr darüber nachdenkt und später Bescheid gebt. So habt ihr genügend Bedenkzeit, um zu überlegen, ob ihr das möchtet oder eben nicht.

Schuldgefühle sind kleine, miese Scheißerchen. Sie schleichen sich ein, wenn wir etwas absagen möchten. Sie lassen unsere Lippen erzittern, um sie doch noch zu einem Ja zu bewegen. Nix da. Wir bleiben standhaft. Denkt einmal darüber nach, wie oft ihr es jemandem krummnehmt, weil er mal etwas absagt. Na also.

Ja-Sagen kostet euch Zeit und Energie. Und zwar hinterher. Ein Ja ist schnell gesagt, der kleine Rattenschwanz dahinter ist es jedoch, der euer Wochenende, eure To-do-Liste oder das momentane Projekt über den Haufen wirft. Sobald euch das bewusst ist, geht ihr sparsamer und gewissenhafter mit eurem Ja um. Gerade im Job muss es übrigens nicht immer ein Nein sein. Ihr könnt auch sagen, dass ihr momentan keine Zeit findet, euch aber gern der Aufgabe widmet, sobald Luft ist.

Nein-Sagen, bedeutet auch, ehrlich zu sein. Zu dir selbst und zu anderen. Für viele Frauen bin ich auf Instagram eine Art Freundin, und das finde ich schön. Ich gebe gern Ratschläge und tausche mich mit meiner Community aus. Freundschaft ist jedoch etwas anderes. Manchmal kommen Nachrichten, die mich etwas überfordern. »Wenn ich mal in Berlin bin, komme ich dich, Willi und Flip besuchen«, schreibt die eine. Dann weiß ich nicht recht, was ich erwidern soll. Das geht mir zu weit, ich brauche Distanz. Das sind dann oft Nachrichten, die ich nicht beantworte, weil ich unsicher bin. Eine anderes Mal schrieb mir eine junge Lady aus Berlin mehrmals über Instagram, dass sie gern mit mir Kaffee trinken wolle. So oft höre ich den Satz »Lass uns mal treffen, wir müssen uns unbedingt sehen«, und höflicherweise erwidern wir hier automatisch »Na klar, gern!«, obwohl wir es nicht immer so meinen. Ich verabrede mich wahnsinnig gern, wenn die Zeit es zulässt. Dann suche ich mir aber auch die Menschen aus, die ich treffen will und die mich auch sehen wollen. Bei der jungen Dame oben war mir klar, dass ich sie nicht treffen wollte, und ich fasste mir ein Herz. Ich schrieb ihr, dass ich viel arbeite und meine freie Zeit sehr kostbar ist. Deshalb verabrede ich mich vor allem mit meinen engsten Freunden und habe momentan kein Interesse an neuen Freundschaften. Ich schrieb das ganz liebevoll und war ziemlich aufgeregt, weil ich das so direkt noch nie ausgedrückt hatte. Ihre Antwort war unglaublich nett und verständnisvoll und bestätigte mich darin, ehrlich Gefühle zu äußern. Nein-Sagen ist so befreiend!

Tipps für deine berufliche Weiterentwicklung

Hör nicht auf zu lernen!

Wir verbringen einen Großteil unseres Lebens am Arbeitsplatz. Bestenfalls lieben wir das, was wir tun. Deshalb lohnt es auch, sich hier regelmäßig weiterzubilden. Das eröffnet andere Horizonte und gibt nicht nur dem Job neue Impulse.

Hab deine Finanzen im Blick

Viele meiner Freunde sehen mich immer mit einer Mischung aus Entsetzen und Bewunderung an, wenn ich sage, dass ich meine Steuern selbst mache. Sie sagen dann immer: »Ich könnte das nie, wie machst du das nur?!« Die Wahrheit ist, meine Freunde sind zu faul – und das sage ich ihnen auch. Da werden Hunderte von Euro für den Steuerberater ausgegeben, nur weil Madame oder Monsieur zu bequem ist, sich mit dem Thema Finanzen auseinanderzusetzen. Es gibt mittlerweile ganz wunderbare Steuerprogramme, die einem helfen. Keine Angst vor Zahlen! Wer sich mit Finanzen auskennt, verliert die Angst vor Steuern, Rechnungen und Co. Es ist übrigens gar nicht so schwer, nur ein wenig Fleißarbeit

Nicht unter Wert verkaufen!

Durch meine langjährige Erfahrung und den regelmäßigen Austausch mit Kollegen weiß ich, welche Honorare ich verlangen kann. Gerade Frauen lassen sich leider viel zu oft von Preisdrückern einlullen. Man sollte sich auch nicht für Prestigeprojekte breitschlagen lassen, nur weil etwas scheinbar gut für den Lebenslauf ist. Prestigeobjekte machen wir in Zukunft nur noch gratis, wenn sich daraus wirklich neue Jobs ergeben könnten. Wir nehmen auch keine Jobbezeichnungen mehr an, ohne dafür das entsprechende Geld zu kriegen. Oder machen andersherum auch keine Arbeit mehr, die in unserer Jobbeschreibung nicht vorgesehen ist. Ich habe lange Zeit die Arbeit einer Senior-Beraterin verrichtet, aber nur den Junior-Titel innegehabt. Befördert wurde ich nicht, weil (wie ich später herausfand) die Vorgesetzten des Teams eine Prämie bekamen, wenn jemand nicht befördert wurde – eine ausgemachte Schweinerei der Chefetage. Nie wieder lasse ich mich auf so etwas ein. Auch ein Grund, weshalb ich das Angestelltendasein hinter mir gelassen habe.

Als Selbstständige bin ich häufig als Speaker auf Konferenzen unterwegs. Früher habe ich das oft gratis gemacht und mich danach teilweise über die verschwendete Zeit geärgert. Einen Vortrag bekommt heute niemand mehr ohne entsprechendes Honorar, es sei denn, es ist das absolute Knallerevent oder *die* Möglichkeit schlechthin. Was ich noch ab und an unbezahlt mache, sind Paneldiskussionen auf großen Konferenzen, bei denen ich potentielle Geschäftspartner im Publikum wittere. Hieraus ergaben sich oft ganz wunderbare Partnerschaften. Unter Wert verkaufe ich mich schon lange nicht mehr. Das ist allerdings ein Prozess, den wir alle im Berufsleben durchmachen müssen und bitte nicht zu vergleichen mit der Arroganz, die manche frischen Universitätsabsolventen bei Gehaltsverhandlungen und in ihrer Arbeitsattitüde an den Tag legen.

Kommuniziere!

Gut zu sein in dem, was man tut, ist nur die halbe Miete. Die andere Hälfte besteht aus Networking. Wahrscheinlich kennen alle von uns den Einserschüler, der aber zu schüchtern ist, um den Mund aufzumachen. Wir alle kennen aber auch den Klassenclown, der überall Freunde hat und stets gern gesehen wird. Dasselbe konnte ich auch auf meine Kommilitonen an der Uni übertragen. Nicht der, der am besten abschneidet, ist erfolgreich. Es ist der Mix aus Können und Social Skills. Wie spreche ich mit Kunden, um ihre Erwartungen zu erfüllen? Wie spreche ich ehrlich Hindernisse und Probleme an? Wer interessiert mich und kann mich weiterbringen?

Spezialisiere dich

Du findest einen Aspekt in einem Job, der ein Nischenthema ist, dich aber fasziniert? Großartig! Sieh das als Chance und spezialisiere dich darauf. Finde die Besonderheit in deinem Beruf, die dich kitzelt und von der du mehr wissen willst. Wenn Menschen ein Problem haben, werden sie garantiert immer den Experten dafür zu Rate ziehen. Der Experte hat eine hervorstechende Qualifikation. Businesspartner und Kunden werden garantiert eher zu dir kommen als zu der Ich-mache-alles-Person.

Rückschläge sind kein Scheitern

Das Wort »Scheitern« gibt es bei mir nicht. Wenn ich etwas nicht schaffe, dann bedeutet das nie und wirklich niemals, dass ich gescheitert bin. Ich habe diesen Ausdruck in meinem Leben noch nie verwendet, ganz ehrlich. Wenn etwas nicht klappt, dann liegt es entweder daran, dass ich mich nicht gut genug vorbereitet habe, dass die Zeit noch nicht reif ist oder dass ich die Sache grundlegend überdenken muss, weil ich vielleicht nicht die Richtige bin. Selbst wenn Letzteres zutrifft, bin ich dennoch nicht gescheitert, sondern ich habe im Gegenteil einen enormen Entwicklungsschritt gewagt. Ihr werdet im Berufsleben und auch privat immer wieder an Grenzen stoßen, das lässt sich nicht vermeiden, und das macht das Leben auch spannend. Du entscheidest, ob du dich durchbeißt oder ob du doch einen anderen Weg wählst. Auch ich habe Momente, in denen ich am liebsten alles hinschmeißen würde, aber das ist doch gut! Solche Momente bringen einen dazu, seine Arbeit und Arbeitsweise zu überdenken und neue Schritte zu wagen. Jede Herausforderung ist eine Bereicherung – ob gemeistert oder nicht.

So reinigst du dein Home-Office

Jetzt sind wir innerlich bestens gereinigt, aufgeräumt und aufgestellt, was unsere persönliche Entwicklung betrifft, daher widmen wir uns nun der Sauberkeit unseres Arbeitszimmers. Hier wollen wir zum einen Weitblick schaffen und zum anderen eine reine Umgebung für einen reinen Geist voller Elan und Kreativität.

Täglich benutzen wir mehrmals unseren Computer, den Laptop, das Smartphone und andere technische Geräte. Daran, diese zu reinigen, denken wir viel zu selten. Damit ist nun Schluss, wir befreien unsere Geräte von Keimen und Co.

Monitore

Um den Monitor eures PCs oder Laptops zu reinigen, schaltet ihr das Gerät erst einmal aus. Am besten zieht ihr noch den Stecker, wir wollen den Monitor zwar wischen, aber bitte selbst keine gewischt bekommen.

Verwendet ein sauberes Mikrofaser- oder Glaspoliertuch und gebt etwas Reinigungsspray darauf, das Tuch darf nicht zu feucht sein. Damit reinigt ihr mit sanftem Druck euren Bildschirm. Ihr könnt euch ganz easy ein eigenes Reinigungsspray aus destilliertem Wasser und Haushaltsessig herstellen. Dafür mischt ihr beides im Verhältnis eins zu eins – ganz einfach!

Bei Staub und leichter Verschmutzung genügt oft nur ein Mikrofasertuch, das ihr mit ein wenig Wasser befeuchtet.

Absolut tabu ist es, das Reinigungsmittel direkt auf den Bildschirm zu sprühen. Die Feuchtigkeit könnte eindringen und Schäden verursachen. Bitte verwendet auch keine rauen Putztücher, wenn ihr euch Kratzer ersparen wollt. Auf keinen Fall solltet ihr euren Monitor mit Spülmittel oder Fensterreiniger bearbeiten.

Tastatur

Auf unserer Tastatur befinden sich 67 Mal so viele Keime wie auf unserer Klobrille – deine Tastatur feiert eine kleine Bazillenparty! Das kann im Extremfall sogar gesundheitsschädigend sein.

Ich erinnere mich noch gut an so manche Tastaturen der Computer in meiner Uni. Da waren die Buchstaben vor lauter dreckigem Belag kaum noch zu erkennen. Ich habe mich furchtbar geekelt, sobald es hier an die Rechner ging. Allein schon beim Gedanken daran schüttelt es mich.

Erste schnelle Hilfe für die Tastatur sind kleine Klebestreifen von Tesafilm oder Post-Its, die ihr langsam über die einzelnen Tastenreihen abzieht. Wollt ihr die Tastatur richtig reinigen, dann schaltet zuerst den Rechner aus. Arbeitet ihr an einem Rechner, dann entfernt, wenn möglich, den Akku. Damit vermeidet ihr mögliche Stromschläge. Nehmt nun den Laptop in die Hand, stellt ihn auf den Kopf und schüttelt vorsichtig, damit Körnchen und Krümel sich lösen und herausfallen. Hartnäckige Flecken tupft ihr mit einem leicht feuchten Mikrofasertuch ab und wischt diese anschließend mit einem Küchentuch trocken. Wenn die Zwischenräume der Tasten eine Extrabehandlung benötigen, dann könnt ihr kleine Zahnzwischenraumbürstchen verwenden, das klappt supergut!

Bei der Tastatur vom PC verfahrt ihr ähnlich. Ihr trennt die Tastatur vom PC ab und schüttelt sie vorsichtig aus. Der Reinigungsvorgang ist bei leichten Verschmutzungen gleich wie beim Laptop. Kommt der Schmutz hart auf hart – ich sage nur, meine Uni ... –, dann könnt ihr die einzelnen Tasten abbauen und putzen. Dazu löst ihr die Tasten vorsichtig mit Hilfe eines Stifts. Die einzelnen Tasten packt ihr in einen kleinen Wäschebeutel und wascht sie einfach bei niedriger Temperatur gemeinsam mit anderer Wäsche. Während die Tasten fröhlich herumschleudern, widmet ihr euch der restlichen Tastatur mit einem feuchten Tuch und reinigt Tastenzwischenräume, Ecken und Kanten. Sitzt Schmutz in der Ecke fest, hilft wieder das Zahnzwischenraumbürstchen oder ein mit Spülmittel benetztes Wattestäbchen. Die Tasten trocknet ihr nach dem Waschen ab und setzt sie behutsam wieder ein – manchmal ist hier ein wenig Druck nötig, damit sie richtig einrasten. Ich könnte mir übrigens nicht merken, an welcher Stelle welche Taste war, da hilft Dr. Google mit der Bildersuche, oder ich mache vorher einfach ein Foto. Frohes Tippen!

Maus

Trennt die Maus vom PC oder von der Tastatur. Dreht dann das kleine Rädchen und entfernt entweder mit der Hand oder einem Zahnstocher den Staub. Eure Maus mag ein feuchtes Mikrofasertuch. Bitte nicht nass! Vorsicht bei den Öffnungen, hier darf keine Feuchtigkeit eindringen.

Im Notfall und bei starker Verschmutzung könnt ihr die Maus aufschrauben und mit einem Wattestäbchen allen Dreck entfernen.

Smartphone und Tablet

Wie bereits die Tastatur, so ist auch unser Smartphone von mehr Keimen besetzt als ein Toilettensitz. Wenn wir uns überlegen, dass wir der Klobrille mit unserem Gesicht nicht zu nahe kommen wollen – also ich zumindest nicht, ihr könnt das entscheiden, wie ihr möchtet –, dann sollten wir unser Smartphone am besten gleich aus unserem Haus verbannen. Keine Option? Dann hilft Reinigen! Adieu, Schmutz und Fingerabdrücke.

Touchscreens besitzen normalerweise eine fett- und schmutzabweisende Beschichtung. Verwendet daher keine aggressiven Reinigungsmittel wie Spülmittel oder Glasreiniger, wenn ihr diese nicht zerstören wollt. Das würde auf Dauer euer Display unbrauchbar machen. Verwendet am besten das Rezept im Abschnitt zu den Monitoren – einen speziellen Displayreiniger braucht ihr nicht, auch diese enthalten nämlich zum Teil aggressive Laugen oder Seifen. Das Reinigungsmittel sparsam dosieren, nur feucht und nicht nass reinigen, damit keine Flüssigkeit ins Gehäuse gelangt – das kann fatale Folgen für euer Tablet oder Smartphone haben. Wischt in kreisenden Bewegungen mit einem Mikrofasertuch über das Display, und entfernt so Fingerabdrücke und Verschmutzungen. Übrigens rettet euch eine Schutzfolie nicht vor der Reinigung, auch diese ist die perfekte Tanzfläche für Bakterien. Ihr erspart euch Reinigungsdurchläufe, indem ihr eure Geräte nur mit möglichst sauberen Händen und nicht beim Essen oder auf dem stillen Örtchen benutzt.

Fenster putzen

Ihr habt euch bis zu dieser Stelle sicherlich gefragt: Putzt die gute Dame keine Fenster? Doch, doch, natürlich, sogar sehr gern, weil man den Unterschied so toll sieht. Dieses Kapitel zur persönlichen Entwicklung steht auch für Weitsicht und eine klare Sicht, deshalb finde ich, dass hier das Thema Fensterputzen am besten passt.

Bevor es losgeht, schützt euren Fußboden mit einem alten Handtuch oder Zeitungspapier. Befreit Fensterbänke und -rahmen mit einem feuchten Tuch von grobem Schmutz, da diese von außen durch Insekten, Pollen und Straßenschmutz und von innen durch Staub, Küchendämpfe und Handabdrücke beansprucht werden. Habt ihr Holzrahmen an euren Fenstern, so benötigen diese eine spezielle Pflege: für die Außenseite verwendet ihr eine entsprechende Holzlasur und für die Innenseite eine Möbelpolitur. Hartnäckige Flecken auf Kunststoffrahmen könnt ihr mit einem Putzstein entfernen. Eine Putzstein ist eine feste Masse, die auf einen feuchten Schwamm aufgetragen und aufgeschäumt wird. Damit könnt ihr eure Oberflächen reinigen.

Für die Sauberkeit eurer Fenster ist das Putzwasser entscheidend. Füllt erst lauwarmes Wasser in einen Eimer, und gebt erst nachträglich das Reinigungsmittel hinzu. Träume sind bekanntlich Schäume, und so verzichten wir beim Fensterputzen auf die große Schaumparty. Eine Party hinterlässt nämlich Spuren – im Falle der Fenster sind das Rückstände und Schlieren auf dem Glas. Dosiert das Reinigungsmittel sparsam, hier ist oft weniger mehr. Ihr könnt in das lauwarme Putzwasser auch einen Spritzer Spiritus geben, der sorgt dafür, dass das Glas streifenfrei trocknet. Auch Essig hilft, falls ihr es mit Kalkablagerungen zu tun habt. Ansonsten benötigt ihr keine speziellen Reiniger. Beim Fensterputzen ist es ganz wichtig und auch wirklich logisch, dass ihr das Wasser regelmäßig auswechselt. Mit schmutzigem Wasser zu putzen macht nun wirklich keinen Sinn.

Nun haben wir das Putzwasser und machen uns an die Reinigung. Nehmt euch einen sauberen Schwamm oder ein Schwammtuch, dazu ein Mikrofasertuch und einen Abzieher. Wischt die Scheibe von oben nach unten inklusive aller Ecken und Kanten gründlich nass ab. Das Mikrofasertuch hilft euch bei hartnäckigen Verschmutzungen und löst diese. Mit dem Abzieher geht ihr anschließend entweder waagrecht oder senkrecht, Streifen für Streifen, von oben nach unten über das Glas. Trocknet bei diesem Vorgang immer wieder die Silikon- oder Gummilippe des Abziehers ab. Voilà, hier ist euer Weitblick!

TEIL 6

Natural Cleaning

Rezepte

»Sei du selbst die
Veränderung,
die du dir wünschst
für diese Welt«

GANDHI

So stellst du deine eigenen Putzmittel her

Putzmittel selber machen ist so easy! Es ist besser für die Umwelt, darüber hinaus spart es Zeit und Geld. Wenn es nach den großen Marken geht, so sollen wir für jedes Material, jeden Fleck und jedes Zimmer ein eigenes Mittelchen kaufen. Bullshit. Das ist nur Geldmacherei. Es verstopft eure Schränke, es verursacht Tonnen an Plastikmüll, und es sind unnötige Chemiekeulen, die kein Mensch und auch kein Zimmer braucht. Deshalb kommen jetzt für euch die besten Rezepte für eure eigenen Putzmittel. Hebt einfach eure aktuellen Flaschen auf, wenn sie leer sind, beschriftet sie neu, und befüllt sie mit euren eigenen Kreationen.

Inhaltsstoffe und ihre Wirkung

Wenn wir schon unsere eigenen Reinigungsmittel herstellen, dann wollen wir auch wissen, mit welchen Inhaltsstoffen wir es zu tun haben. Wir kennen zwar alles vom Namen her, jedoch ist vielen nicht bewusst, welche Power hinter den einzelnen Zutaten steckt. Deshalb kommt jetzt ein kleiner Aufklärungs-Exkurs, der euch das nötige Hintergrundwissen gibt, um zu verstehen, wie die einzelnen Putzmittel wirken.

Alkohol

Alkohol ist vielseitig einsetzbar. Besorgt euch einen günstigen Wodka, um damit eure Reinigungsmittel zu pimpen.

Alkohol beseitigt unangenehme Gerüche, reinigt Glas und Holz, wirkt desinfizierend und fettlösend.

Wichtig: Bitte gut durchlüften, der Geruch kann eure Schleimhäute reizen. Passt auch auf eure Haut auf, da Alkohol austrocknet und eure zarten Fingerchen reizen kann.

Apfelessig

Apfelessig ist antibakteriell und hilft gegen Kalkablagerungen. Mit ihm bekommt ihr Armaturen, Töpfe, Vasen und Co. innerhalb kürzester Zeit wieder makellos sauber. Auch für die Reinigung von Bad und Küche eignet er sich bestens.

Ätherisches Öl (naturrein)

Ätherische Öle bringen deinen Reiniger zum Duften. Viele ätherische Öle sind biologisch jedoch nur schwer abbaubar und deshalb problematisch für die Umwelt und Wasserorganismen. Bitte daher sparsam dosieren.

Essig/Essigessenz

Im Gegensatz zu Haushaltsessig, der einen Säuregrad von rund fünf Prozent hat, besitzt Essigessenz einen Grad von 25 Prozent. Ein Teil Essigessenz mit vier Teilen Wasser gemischt ergibt Essig. Fast alle Oberflächen könnt ihr mit Essig reinigen. Vorsicht geboten ist bei Aluminium, Marmor oder allen kalkhaltigen Materialien wie Naturstein. Essig hat desinfizierende Wirkung und ist perfekt zum Entkalken, er eignet sich bestens, um deinen Wasserkocher, die Kaffeemaschine oder ähnliche Geräte von Kalkablagerungen zu befreien.

Kernseife

Bei der Produktion von Kernseife wird durch den Zusatz von Kochsalz der Seifenleim abgeschieden. Das führt zu einer festeren, nämlich kernigen Masse. Kernseife ist alkalisch, und damit ist ihre Reinigungsleistung höher als bei normalen Seifen. Sie hilft bei hartnäckigen Flecken auf deiner Wäsche und eignet sich perfekt für den Einsatz in der Küche.

Lavendelblüten/Lavendelöl

Lavendel reinigt, desinfiziert und duftet. Lavendel tötet Keime ab und wirkt auch vorbeugend gegen Kleidermotten, wenn ihr einige Tropfen auf ein Tuch gebt und dieses in euren Schrank legt.

Natron

Natron (Natriumhydrogencarbonat) neutralisiert Säuren und hilft so bei der Entfernung von Flecken und unangenehmen Gerüchen. Darüber hinaus wirkt es fungizid und antibakteriell. Natron ist ein natürlicher und schonender Zusatz für Putz- und Waschmittel. Auch empfindliche Flächen wie Aluminium oder Cerankochfelder können damit gereinigt werden, da es nicht zerkratzt. Natron findet ihr auch unter den Namen Bullrich-Salz oder Kaiser-Natron.

Soda

Soda (Natriumcarbonat) ist ein weißes, feines Pulver. Ihr findet es auch unter den Namen Reines Soda, Waschsoda oder Kristallsoda. Es sieht ähnlich aus wie Natron, ist aber aggressiver. Soda kann deine Atemwege, die Haut und die Augen reizen, reines Soda staubt außerdem leicht. Sei deshalb vorsichtig in der Anwendung. Soda bitte nicht auf Aluminium verwenden.

Spiritus

Spiritus ist ideal als Fensterreiniger, als Fettlöser oder zum Beseitigen von Kalk. Spiritus ist nah verwandt mit Alkohol und daher ähnlich einsetzbar: Fettflecken, Verkrustungen, Schlieren und Kalkablagerungen werden zuverlässig beseitigt. Für Glas und Fliesen eignet er sich bestens, nicht verwenden solltet ihr Spiritus auf Holz oder Plastik. Spiritus mixt ihr am besten mit Wasser. Auf 100 Milliliter Wasser kommen 10 Milliliter Spiritus.

Spülmaschinensalz

Spülmaschinensalz ist Natriumchlorid und besteht somit aus demselben Inhaltsstoff wie Tisch- oder Meersalz. Der entscheidende Unterschied ist jedoch, dass Spülmaschinensalz keine Carbonate und kein Eisen enthält. Beides erhöht den Härtegrad von Wasser und kann so der Spülmaschine schaden. Spülmaschinensalz hingegen macht das Wasser weicher.

Zitronensäure

Zitronensäure ist eine natürlich auftretende Carbonsäure. Sie ist umweltschonend, weil biologisch abbaubar. Zitronensäure wirkt desinfizierend und reinigend und ist daher bestens als Entkalker geeignet. Bakterien und Schimmelpilzen wird durch sie Einhalt geboten, und außerdem riechen die Putzmittel frisch und angenehm.

Universalreiniger mit Lavendel

Zutaten:
- 250 ml Wasser
- 250 ml hochprozentiger Alkohol (z. B. Wodka)
- 15 g getrocknete Lavendelblüten oder frischer Lavendel
- Sprühflasche

Zubereitung:
Das Wasser in einem Topf zum Kochen bringen. Getrocknete Lavendelblüten oder den frischen Lavendel in eine Schüssel füllen und diese mit dem heißen Wasser auffüllen. 40 Minuten ziehen lassen und danach die Lavendelblüten absieben. Dann den Alkohol zu dem aromatisierten Wasser dazugeben. Gut verrühren und in die Sprühflasche füllen.

Universalreiniger auf Essigbasis

Zutaten:

- Zitrusfrucht-Schalen (z. B. Orange, Zitrone, Grapefruit)
- 250 ml Essig
- 250 ml Wasser
- Einmachglas
- Sprühflasche

Zubereitung:
Zitrusfrüchte schälen und die Schalen in ein luftdichtes Einmachglas geben. Mit Essig auffüllen und etwa 14 Tage stehen lassen. Danach durchsieben und den gewonnenen Essig 1:1 mit Wasser vermischen. In eine Sprühflasche geben.

Badreiniger

Zutaten:

- 1 l lauwarmes Wasser
- 2 bis 3 EL Zitronensäure
- 2 TL Spülmittel
- 10 bis 15 Tropfen ätherisches Öl
- Sprühflasche

Zubereitung:
Die Zitronensäure in lauwarmem Wasser auflösen und mit einem Trichter in die Flasche füllen. Spülmittel und ätherisches Öl deiner Wahl dazugeben. Gut schütteln.

Spülmittel

Zutaten:

- 450 ml kochendes Wasser
- 20 g biologische Kernseife
- 1 TL Natron
- Optional: 15 Tropfen ätherisches Öl
- Seifenspender

Zubereitung:

Zerkleinere die Seife mit einer Reibe. Vermische die Seife mit dem heißen Wasser und löse sie komplett auf. Danach das Natron hinzugeben. Ist die Mischung abgekühlt, kannst du das ätherische Öl zufügen (für die Wirksamkeit des Mittels ist es nicht von Bedeutung). Gut verrühren und in den Seifenspender geben.

2 bis 3 Pumpstöße pro Spülgang sollten ausreichen. Ist das Geschirr sehr verkrustet, so kannst du Soda als Scheuerpulver verwenden. Bei Fett hilft Essig.

Spülmaschinenpulver

Zutaten:

- 300 g Zitronensäure in Pulverform
- 300 g Soda
- 300 g Natron
- 125 g Spülmaschinensalz (optional, je nach Maschine)
- 1 großes Einmachglas

Zubereitung:

Alle Zutaten müssen trocken sein, deshalb bitte nur reines Sodapulver verwenden, sonst kommt es zu einer sofortigen Reaktion mit der Zitronensäure. Die Zutaten abwiegen und in das Einmachglas füllen. Gut verschließen und kräftig schütteln, damit sich alle Bestandteile optimal vermengen.

Für einen Waschgang braucht ihr ungefähr zwei gehäufte Teelöffel. Testet euch erst einmal mit einer kleineren Menge heran, um herauszufinden, wie eure Spülmaschine tickt. Bei zu viel Pulver wird das Geschirr milchig.

Wascht mit maximal 50 Grad, sonst kann die Zitronensäure das Geschirr mit einem Belag überziehen.

Spülmaschinen-Tabs

Zutaten:

- 150 g Waschsoda
- 125 g Zitronensäure
- 50 g Spülmaschinensalz
- 3 bis 4 EL Wasser
- Zitronenöl (nach Belieben)
- Eiswürfelform

Zubereitung:

Alle Zutaten sorgfältig miteinander vermengen, bis eine Paste entsteht. Die Paste in eine Eiswürfelform geben und mindestens 24 Stunden an einem warmen Ort durchtrocknen.

Trocken lagern.

Je nach Grad der Verschmutzung 1 bis 2 Tabs in das Fach in der Spülmaschine geben.

Fensterreiniger

Zutaten:
- 250 ml Wasser
- 250 ml Spiritus
- 4 TL Apfelessig
- leere Sprühflasche

Zubereitung:
Nimm einen Trichter und fülle Wasser, Spiritus und Apfelessig in eine Sprühflasche. Gut zudrehen und kräftig schütteln, damit sich alles gut miteinander vermischt.

Scheuermilch

Zutaten:
- 2 EL Natron
- 2 EL Salz
- ein Spritzer Zitronensaft
- flüssige Seife
- Flasche

Zubereitung:
Zitronensaft, Natron und Salz in die Flasche geben. Mit der Flüssigseife auffüllen. Gut verschließen und kräftig schütteln.

Waschmittel

Zutaten:

- 300 g Natron
- 300 g Soda
- 200 g Kernseife
- 200 g Spülmaschinensalz
- 1 großes Einmachglas

Zubereitung:
Natron, Spülmaschinensalz und Soda in das Einmachglas geben. Die Kernseife mit einer Reibe sehr fein hobeln und ebenfalls in das Glas füllen. Gut verschließen und schütteln.
Pro Waschgang nehmt ihr einen gut gehäuften Esslöffel.

Toiletten-Tabs

Zutaten:

- 1 Tasse Natron
- 1 Tasse Zitronensäure
- 5 bis 10 Tropfen ätherisches Öl
- Sprühflasche mit 100 ml Wasser
- Eiswürfelform

Zubereitung:
Natron mit Zitronensäure vermengen. Ätherisches Öl deiner Wahl zum Wasser in eine Sprühflasche geben. Gut schütteln. Den Natron-Zitronensäure-Mix mit der Sprühflasche leicht befeuchten, dann die Masse kneten, bis sie klumpt und nicht bröckelt. Die Eiswürfelform auffüllen und gut

trocknen lassen (am besten über der Heizung oder an einem anderen warmen Ort).

Nach dem Spülgang ein Tab in die Toilette werfen und etwa eine Stunde einwirken lassen.

WC-Reiniger

Zutaten:

- 100 ml abgekochtes Wasser
- 500 ml Wasser
- 2 EL Zitronensäure
- 2 EL Speisestärke
- 10 ml Flüssigseife
- Ätherisches Öl (nach Belieben)
- Flasche

Zubereitung:

100 ml Wasser abkochen. 500 ml Wasser mit Speisestärke verrühren und unter ständigem Rühren aufkochen lassen, bis sich eine milchige, zähe Masse bildet. Die 100 ml abgekochtes Wasser (unbedingt vollständig abkühlen lassen!) mit der Zitronensäure vermischen und die Flüssigseife hinzugeben. Wenn ihr wollt, könnt ihr noch einige Tropfen Öl dazugeben. Zum Schluss alles vermischen und in eine Flasche abfüllen.

Abflussreiniger

Zutaten:
- 1 Päckchen Natron
- 1/2 Tasse Essig

Zubereitung:
Natron und Essig in den Abfluss geben. Durch ein Sprudeln oder Zischen kannst du hören, wie sich die beiden Hausmittel vermischen und wirken – das Geräusch ist ganz normal! Nach etwa 30 Minuten mit heißem Wasser nachspülen.

Tipp: Insbesondere lange Haare verstopfen den Badewannenabfluss schnell. Du kannst dem leicht vorbeugen, indem du den Abfluss mit einem Haarsieb schützt!

Kurz und knapp – so macht Putzen Spaß

Du stehst an erster Stelle

Genauso wichtig wie eine saubere Wohnung ist dein momentaner Gemützustand. Kümmere dich um deine persönliche Reinigung, innen wie außen, und erkenne, was dir guttut und was dich entspannt. Oft kann eine gründliche Wohnungsreinigung tatsächlich helfen, um auch dein Innenleben wieder in Ordnung zu bringen, um dich zu erden oder dir gedanklich neue Horizonte zu eröffnen.

Musik in deinen Ohren

Mach dir eine Putz-Playlist! Mit Musik geht alles besser, das ist nicht nur ein hohler Spruch. Sammle all deine Lieblingslieder und dreh auf. Selbstverständlich darfst du laut mitsingen, was für eine Frage ...

Von oben nach unten

Ich habe einmal den Fehler gemacht und erst den Boden geputzt, bevor ich Staub gewischt habe. Macht man das einmal, so passiert es nie wieder. Also: Sinnvoll putzt es sich von oben nach unten. Einmal staubsaugen, bevor ihr wischt, sonst habt ihr eine Staubpampe am Wischmopp kleben. Braucht keiner.

Keine Spezialreiniger

Spart euch spezielle Reiniger, das ist nur Geldmacherei. In diesem Buch findet ihr alle Grundrezepte, die ihr für die Wohnungsreinigung braucht. Selbst etwas herzustellen und zu verwenden macht Spaß, schont euren Körper und die Umwelt!

No pressure, please

Du möchtest ein entspanntes Verhältnis zum Putzen? Dann setz dich nicht unter Druck. Mach dir keinen Stress, mach dir lieber Listen. Wann immer du etwas entdeckst, schreib es auf. Verabschiede dich von festen Strukturen, vor allem, wenn du wie ich ein sehr abwechslungsreiches und unstetes Leben hast. Wenn ich mir Dinge wie »Freitags ist das Bad dran« oder »Montags Küche wischen« auferlegen würde, könnte ich nur scheitern.

Viel besser funktioniert es, dir irgendwo einen kleinen Block hinzulegen und eine To-do-Liste zu machen mit allem, was dir auffällt. Der Spiegel im Bad könnte mal wieder geputzt werden? Ab auf die Liste. Das Bett wurde schon eine Weile nicht bezogen? Aufschreiben. Die eingestaubte Pflanze könnte eine Dusche vertragen? Liste her! Jedes Mal, wenn du kurz Zeit hast, erledigst du einfach ein oder zwei kleine Aufgaben von deiner Liste, und schon fühlst du dich besser und hast beim Abhaken ein Erfolgserlebnis. Das motiviert fürs nächste Mal!

Jetzt sind wir am Ende dieses Buchs angelangt und vielleicht am Anfang neuer Kapitel in deinem Leben. Ich wünsche dir eine erholsame Reinigung, die dich zufrieden macht und dir ein glückliches Leben beschert!